Die israelitische Gemeinde Ebersheim mit Harxheim und ihre Synagoge (1830-1938)

Berthold Tapp

Die israelitische Gemeinde Ebersheim mit Harxheim und ihre Synagoge (1830-1938)

Aufstieg und Untergang einer rheinhessischen Landjudengemeinde

Darstellung der Synagoge nach G. Rausch/ F. Eckert

*Bibliografische Information der Deutschen Nationalbibliothek:
Die Deutsche Nationalbibliothek verzeichnet diese Publikation in der Deutschen Nationalbibliografie; detaillierte bibliografische Daten sind im Internet über http://dnb.dnb.de abrufbar.*

© 2014 Berthold Tapp

Manuskriptherstellung: Monika Meier

*1. Auflage 2014
Herstellung und Verlag: BoD – Books on Demand, Norderstedt*

Alle Rechte, auch die des Nachdrucks von Auszügen, der fotomechanischen Wiedergabe, sowie der Übersetzung vorbehalten und nur mit schriftlicher Genehmigung des Autors.

ISBN: 978-3-7357-4072-4

Vorwort

Über 150 Jahre lang lebten Juden in Ebersheim, von der ersten Erwähnung eines Juden im Jahre 1785 bis zur endgültigen Vertreibung nach der Pogromnacht und dem Brand der Synagoge 1938. Sie bildeten bereits vor 1830 eine Gemeinde zusammen mit den Harxheimer Juden und zeitweise auch mit einigen Nieder-Olmer Familien. Sie kauften um 1840 ein Gebäude, das sie als Synagoge nutzten und wenige Jahre später um eine Lehrerwohnung erweiterten. Sie lebten in Ebersheim nach ihren religiösen Gesetzen als Bürger unter Ebersheimer Bürgern. Heute erinnert nur noch der Friedhof an der Sörgenlocher Hohl - heute Zornheimer Straße - an die Existenz der jüdischen Gemeinde.

In den drei Jahrzehnten nach dem Zweiten Weltkrieg schien es, als hätten die Ebersheimer Juden nicht existiert. In keiner Festschrift eines Vereins, auch nicht in der Schrift aus Anlass des 1.500-jährigen Bestehens von Ebersheim im Jahre 1964, wurde das Schicksal der Juden bis zu ihrer Vernichtung erwähnt. Erst die Schrift von Friedrich Eckert (Juden in Mainz-Ebersheim), die er mit Hilfe von Georg Berz im Jahre 1992 veröffentlicht hat, öffnete mit einem Schlag den Blick auf die Juden in Ebersheim in ihrer Gesamtheit und im individuellen Schicksal. Durch diese Schrift wurden Männer, Frauen und Kinder, Familien aus der Vergessenheit hervorgeholt. Durch die Fakten, die beide gesammelt, und durch die Fotos, die sie veröffentlicht haben, wurde den Ebersheimer Juden buchstäblich ein Gesicht wiedergegeben. Dies alles hat mehr zur Erinnerung beigetragen, als viele offizielle Reden es vermocht hätten. Die Ebersheimer griffen begierig nach dieser Schrift und auch die Überlebenden, zu denen teilweise noch Verbindung bestand, interessierten sich für diese Zeichen der Erinnerung. Schreiben aus den USA bezeugen, wie groß die Dankbarkeit Fritz Eckert gegenüber war und ist (Abb. 1).

Die in dieser Schrift abgedruckte Stiftungsurkunde der Familie Gross/ Goldschmidt bezeugt, dass im Namen von Fritz Eckert eine Spende an das "The United States Holocaust Memorial Museum" gemacht worden ist. In diesem Zusammenhang wurden auch die zum Teil noch bestehenden Kontakte nach Ebersheim, die ausgewanderte Juden aufrechterhielten, wiederbelebt.

Im Gefolge dieser Diskussionen kam es auch in der Öffentlichkeit zu Gedenkveranstaltungen:

Im Jahr 2008, aus Anlass der 70-jährigen Wiederkehr der Reichspogromnacht, veranstalteten die katholische und die evangelische Kirchengemeinde Ebersheim einen Gedenkzug, der vom jüdischen Friedhof zu den Häusern, in denen ehemals Juden gelebt hatten, und zum Standort der ehemaligen Synagoge führte. Den würdigen Rahmen gaben die Ansprachen der beiden Pfarrer gegen das Vergessen. Der ehemalige Ortsvorsteher Klaus Nauth gab zu den einzelnen Stationen Erläuterungen.

2012 wurden aus privater Initiative (Ehepaar Poensgen) sog. "Stolpersteine" vor den ehemals von Juden bewohnten Häusern verlegt.

An die Synagoge erinnerte lange nichts. Das Grundstück ging 1956 in privates Eigentum über, die Reste wurden abgerissen und ein neues Wohngebäude errichtet. Am 28. April 2014 wurde am Standort eine kleine Gedenkplatte eingelassen.

Die vorliegende Schrift will weniger der Lebensgeschichte einzelner Juden in Ebersheim nachspüren. Das mag manch einer vermissen, der an den Einzelschicksalen der Juden und ihrer Nachkommen besonders interessiert ist. Vielmehr soll den Ursprüngen jüdischen Lebens und der Bildung der jüdischen Gemeinde in Ebersheim nachgegangen werden. Es soll somit auch einer Anregung von Paul Arnsberg (Die jüdischen Gemeinden in Hessen, S. 12) gefolgt werden, jüdische Geschichte nicht aus der Perspektive des Untergangs in der Hitlerzeit darzustellen, sondern in der Gesamtwertung von Beginn an.

Das **erste Kapitel** der vorliegenden Arbeit handelt von den Landjuden des frühen 19. Jahrhunderts in Rheinhessen.

Wie es zu der Bildung der jüdischen Gemeinde in Ebersheim kam und welche Grundlagen diese Gemeinde hatte, wird im **zweiten Kapitel** dargestellt.

Das **dritte Kapitel** berichtet von der Blütezeit der israelitischen Gemeinde in den Jahren 1870/71 bis 1900 und von ihrem Niedergang in der Zeit danach. Hier wird vor allem auf die wirtschaftliche Situation der Gemeinde eingegangen.

Das **vierte Kapitel** diskutiert Aussehen und das Innere der Synagoge.

Das **fünfte und sechste Kapitel** handelt von dem Untergang der Ebersheimer israelitischen Gemeinde im Brand der Reichspogromnacht 1938 und deren gerichtlicher Aufarbeitung in den Jahren 1947 bis 1948 durch die französische Besatzungsmacht und die rheinland-pfälzische Justiz.

Im **siebten Kapitel** werden die Aussagen von Tätern, Beteiligten und Augenzeugen der Pogrom-Nacht vom 8. November 1938, die diese vor der französischen Gendarmerie und den deutschen Justizbehörden acht Jahre später gemacht haben, auszugsweise und anonymisiert wiedergegeben, um so ein subjektives und authentisches Bild der Ereignisse zu vermitteln.

Schließlich wird in einem **achten Kapitel** am Beispiel zweier Angehöriger der Ebersheimer Familien Simon und Berney gezeigt, wie sich zwei Leitmotive jüdischen Lebens der damaligen Zeit, nämlich die Fragen von Assimilation und Auswanderung in den Lebensentscheidungen zweier Angehöriger dieser Familien widerspiegeln.

Die **Quellenlage** zu der Geschichte der israelitischen Gemeinde in Ebersheim ist nicht so schlecht wie dies zunächst zu erwarten war. Das **Stadtarchiv Mainz** hat zu den Gründerjahren einige Bestände, die es erlauben - trotz aller Lückenhaftigkeit - die Zeit der Jahre 1830 bis 1845 aus der Sicht der großherzoglich-darmstädtischen Verwaltung in Mainz nachzuvollziehen.

Drei Rechnungsbücher der israelitischen Gemeinde Ebersheim mit Harxheim von 1878 bis 1890 sind erhalten geblieben. Sie gehören zu den

Beständen des Stadtarchivs Mainz, zwei im Original und eines in Fotokopie. Sie erlauben es, das Innenleben der Gemeinde zu beleuchten und auch durch die Inventarlisten einen Blick in das unbekannte Innere der Synagoge zu werfen, auch wenn dies wiederum mehr Fragen aufwirft als beantwortet.

Des Weiteren waren die **Vernehmungsprotokolle** der französischen Militärpolizei 1947 in Nieder-Olm und Ebersheim über den Pogrom von 1938 sowie die Akten zum Gerichtsverfahren am Mainzer Landgericht eine starke Herausforderung bei der Erhellung der auch noch heute mit Schweigen zugedeckten Geschichte der Reichspogromnacht 1938, die in Nieder-Olm und in Ebersheim bereits einen Tag früher stattfand als im Deutschen Reich, nämlich vom 8. auf den 9. November 1938. Der umfangreiche Aktenfund im Landesarchiv Speyer erlaubt es, erstmals ein unbekanntes und vergessenes Kapitel der Ortsgeschichte zu beleuchten.

Alle genannten Urkundenkomplexe werden hier erstmals erschlossen und ausgewertet. Aus diesem Grund sind Dokumente in größerem Umfang abgedruckt.

Diese Dokumente erlauben auch, eine **sichere Datierung** der Entstehung der israelitischen Gemeinde Ebersheim mit Harxheim (vor 1830) und der Synagoge (vor 1842) vorzunehmen. Dazu werden in der Literatur die unterschiedlichsten Datierungen genannt. Sie reichen von 1844 bis 1853 für Synagoge und Gemeinde (Denkmaltopografie Rheinland-Pfalz / Krienke / Synagogen in Rheinland-Pfalz/Saarland / Ahrenberg / Eckert). Ihnen allen ist gemeinsam, dass keine Belege für die Datierungen angeführt werden.

Die Datierung des **jüdischen Friedhofs** muss weiter im Ungefähren bleiben. Er dürfte in engem Zusammenhang mit der Gemeindebildung vor 1830 angelegt worden sein.

Die im Internet (Alemannia Judaica) erwähnte Existenz eines **Frauenbades (Mikwe)** in Ebersheim konnte nicht nachgewiesen werden. Auch die Vermutung, dass in einem der jüdischen Privathäuser eine solche Mikwe vorhanden war, konnte trotz zahlreicher Nachfragen bei älteren Ebersheimern nicht bestätigt werden. Sie bleibt aber von hoher Wahrscheinlichkeit, zumal alle jüdischen Privathäuser im alten Ortskern lagen, in dem ein sehr hoch stehender Grundwasserhorizont vorhanden ist.

Die ehemals von Juden bewohnten Häuser sind zum Teil abgerissen, andere sind stark verändert. Das Anwesen der Metzgerei Siegfried Mayer ist seit der Auswanderung der Familie nach USA und dem damit verbundenen Verkauf in wesentlichen Teilen im Originalzustand erhalten geblieben. Die an der rechten Hofseite gelegene Metzgerei (Schlachtraum, Kühlraum, Verkaufsraum an der Straße) sind bis auf Schönheitsreparaturen original erhalten - ein Ensemble von denkmalwürdiger Erhaltung (Hinweis von Matthias Gill und Christine Braun, geb. Vollmer).

Bei den Arbeiten wurde ich in vielfältiger Weise unterstützt; zunächst von zahlreichen älteren Ebersheimern, die mir - soweit die Erinnerung reichte - manche Hinweise geben konnten. Ich danke vor allem Frau Anni Fischer, Frau Magdalena Herbrandt, Frau Rita Nauth und Frau Maria Vollmer, den Herren Fritz Ginz, Klaus Nauth, Georg Worf, Georg Berz und Edmund Karl für manches Gespräch.

Ich danke Frau Monika Meier für ihre sorgfältige und prompte Bearbeitung des Manuskripts sowie die Erstellung des druckfertigen Layouts.
Schließlich danke ich meiner Frau für ihre beständige Ermutigung und Hilfe bei den Arbeiten an dieser Publikation.

Berthold Tapp

**THE UNITED STATES HOLOCAUST
MEMORIAL MUSEUM**

gratefully acknowledges a contribution

In Honor of
Herrn Friedrich Eckert
from
Ruth Goldschmitt Zeller
Liesel Gross

This gift will be used to create an American institution that will insure
that the Holocaust and its lessons are forever remembered.

Lieber Herr Eckert,

🏮 Season's Greetings
🎋 Meilleurs Voeux
🎏 Filices Fiestas
🎴 Поздравляю

Frohe Weihnachten.
Alles Gute für 1993

Ihre Liesel G. Gross

Ende des Sommers machten
meine Schwester und ich eine kleine
Stiftung in Ihrem Namen an das
neue Holocaust Museum in Washington.
Ich weiß nicht ob sie davon informiert
wurden.

Abb. 1: Schenkungsurkunde für Friedrich Eckert 1993 (Original beim Vf.)

Inhaltsverzeichnis

Vorwort   5

Daten und Übersicht   13

I.   **Landjuden in Rheinhessen 1785 bis 1840**   15

II.   **Die Bildung der israelitischen Gemeinde Ebersheim mit Harxheim und der Kauf der Synagoge Ebersheim**   24
Zur Datierung der Synagoge 36
Die wirtschaftlichen Grundlagen der israelitischen Gemeinde; die Religionsgemeinschaft 38
Welche Aufgaben hatte eine Gemeinde wahrzunehmen? 39

III.   **Die Blütezeit der israelitischen Gemeinde Ebersheim - Harxheim nach 1871 und ihr Niedergang nach 1900**   45
Die Finanzierung der Gemeinde 48
Wofür wurde das Geld benötigt, welche Ausgaben sind verzeichnet? 51
Über welches Vermögen verfügte die Gemeinde? 51
Die Einrichtungsgegenstände der Synagoge und der Lehrerwohnung (sog. Mobilien) 54
Der Niedergang der Gemeinde bis 1938 58

IV.   **Die Synagoge von Ebersheim**   63

V.   **Der Untergang der Ebersheimer Synagoge und der israelitischen Gemeinde 1938**   72
Der Pogrom vom Abend des 8. November 1938 72
Nach dem Pogrom 77

VI.	**Der Prozess um die Pogrome in Nieder-Olm und Ebersheim**	**81**
	1. Aspekte der Situation unmittelbar nach Kriegsende; das Gerichtsverfahren	81
	2. Das politisch-juristische Nachspiel	84
VII.	**Der Pogrom vom 8. November 1938 in den Aussagen von Beteiligten und Augenzeugen**	**88**
VIII.	**Assimilation und Emigration**	**104**
	Die Ebersheimer Familien Simon und Berney	104
IX.	**Liste der ermordeten Ebersheimer Juden**	**108**

Literatur-Verzeichnis   **110**

Verzeichnis der ungedruckten Quellen   **113**

Anmerkungen/ Quellen-Nachweis   **114**

Daten und Übersicht

1785	Erste Erwähnung eines Juden in Ebersheim
seit 1795	siedeln jüdische Familien
1830	Erste Erwähnung der israelitischen Gemeinde Ebersheim mit Harxheim mit Vorstand. Genehmigung zur Anstellung eines Religionslehrers. Wahrscheinlich besteht ein Friedhof und ein Betraum in einem Privathaus.
1841/42	Wahl und Bestellung eines 3-köpfigen Vorstandes nach staatlichem Recht. Vorsitzender Georg Simon II., Jacob Meier/Harxheim, Leopold Goldschmitt
1842	Vor dem 21. Juli 1842 besteht eine Synagoge in Ebersheim (Mainzer Straße). Sie wird von den Harxheimer Juden und zwei Nieder-Olmer Familien besucht. Anbau einer Lehrerwohnung hinter das Synagogengebäude
1843	Erster Umlage-finanzierter Haushalt der Gemeinde nach staatlichem Recht. 60 Gulden (= 120 Mark)
1878	Die Gemeinde besitzt zwei Thoren im Wert von zus. 274 Mark.
1889	Schenkung/Stiftung einer dritten Thora. Wert 450 Mark
Ende 19. Jahrh.	Stagnation der jüdischen Bevölkerung. Abwanderung in die Städte und Auswanderung (USA u. a.)
1914 - 18	Tod zweier jüdischer Soldaten an der Westfront (2 von 40 Ebersheimer Gefallenen)

ab 1933	Beginn der Repression unter den Nazis
1938	8. November Pogrom in Nieder-Olm und Ebersheim. Ende der jüd. Gemeinde und der Juden in Ebersheim
1947/48	Vernehmungen in Nieder-Olm und Ebersheim durch die französische Militärpolizei und die rheinland-pfälzische Polizei Strafprozess vor dem Landgericht Mainz
1956	Verkauf des Synagogengrundstücks mit den Ruinen

I. Landjuden in Rheinhessen 1785 bis 1840

Im Schatten der bedeutenden jüdischen Gemeinden Mainz, Worms und Speyer, die als weithin berühmte Zentren jüdischer Gelehrsamkeit am Rhein über ein Jahrtausend trotz Verfolgungen und Vertreibungen immer wieder neu erstanden waren, gab es im ländlichen Raum Deutschlands eine große Zahl kleiner dörflicher jüdischer Gemeinden. Auch in Rheinhessen hatten Juden sich vor allem in den Territorialstaaten Kurpfalz und Kurmainz angesiedelt. Bis zu der französischen Besetzung des linken Rheinufers genossen sie als so genannte "Schutzjuden", versehen mit dem Schutzbrief der Obrigkeit, dauerhaftes Bleiberecht gegen Gebühren.

1785 finden wir im Schutzbrief-Verzeichnis des Mainzer Vice-Dom, der auch die Polizeigewalt ausübte, zum ersten Mal einen in Ebersheim ansässigen Juden mit Namen Beer.[1] Das ist die erste Erwähnung eines Juden in Ebersheim und man darf vermuten, dass er mit seiner Familie dort lebte. Später begegnen wir diesem Namen nicht mehr. Als Folge der französischen Besatzung und der Gleichheitsidee der revolutionären Gesetzgebung kamen alle Bewohner der eroberten Gebiete in den Genuss von Freizügigkeit und Gleichheit vor dem Gesetz, also auch die Juden. 1797 wurde das Departement Mont-Tonnerre gebildet als Teil des französischen Staates. In der Folge kam es zu einer vermehrten Ansiedlung von Juden auf dem Lande, also auch in Ebersheim. Die Juden durften Grundbesitz erwerben und genossen Gewerbefreiheit, die sie vor allem als Viehhändler, Metzger oder reisende Händler von vielerlei Waren nutzten. So waren die rechtlichen und wirtschaftlichen Voraussetzungen für die Ansiedlungen auf dem Lande aber auch in den Städten gegeben.

Sie waren "mit einem Schlag aus der Geborgenheit der Judengasse", zum Beispiel in Mainz, gewiesen.[2] Die neue Freiheit konnten und mussten sie nutzen, die Eingliederung in die neuen sozialen Verhältnisse war eine Aufgabe, die sie zu bewältigen wussten.

Im Kurstaat Mainz wird 1780 mit 3.450 Juden gerechnet, davon zwei Drittel in Städten (in Mainz zirka 2.300), ein Drittel auf dem Lande, also zirka 1.150 Personen[3] in unterschiedlich großen Gemeinden. Eine Ausnahme war zum Beispiel Weisenau mit 250 Juden, eine für Rheinhessen ungewöhnlich große Zahl. Rohde rechnet für Rheinhessen mit zirka 3.000 jüdischen Einwohnern im Jahre 1800; in der französischen Volkszählung werden 4.090 angenommen. Bis 1822 ist die Zahl in Rheinhessen auf 7.020 angestiegen. Das entspricht 3,9 % der Gesamtbevölkerung. Die Zahl wuchs in den Jahren bis 1846 auf 9.820 Juden in Rheinhessen an. 1852 war der Anteil der Juden an der Gesamtbevölkerung auf 4,2 % angestiegen. Dabei war der Zuwachs im Mainzer Umland am größten. In den Dörfern mit 500 bis 990 Einwohnern betrug 1824 die durchschnittliche Anzahl der Juden 49 Personen, 1871 41 Personen, mit einer Tendenz zur Ansiedlung in den größeren Orten.

Die Französische Republik und dann das Kaiserreich Napoleons erkannten die Aufgaben der Eingliederung der Bürger mosaischen Glaubens und behandelten sie in gleicher Weise wie die christlichen Religionsgemeinschaften, auch wenn dies nicht ganz ohne Vorbehalte und Misstrauen vonstatten ging. Ohne rechtliche Eingriffe und ungestört verlief diese Entwicklung nicht. Zum einen wurde am 17. März 1808 die hierarchische Organisation der jüdischen Gemeinden eingeführt. Alle individuellen und gemeindlichen Angelegenheiten der Juden wurden einem "Zentralkonsistorium" in Paris übertragen, das von der französischen Regierung kontrolliert wurde.[4] Ein zweites Dekret mit demselben Datum ging unter dem Namen "décret infâme" in die Geschichte ein. Es schränkte die neu gewonnenen Freiheiten der Juden in einem gerade für sie wichtigen Bereich ein, nämlich dem des Handels und der Kreditgeschäfte. Diese wurde von der vorherigen Erteilung eines so genannten "Moralitätspatents" abhängig gemacht, das der Präfekt ausstellte. Darin musste bescheinigt werden, dass der Antragsteller "weder dem Wucher noch einer unerlaubten Schacherei ergeben ist".[5] Die jüdische Gemeinde musste bestätigen, dass der Betreffende ein pflichtgetreues Mitglied der Gemeinde war.

Diese beiden Dekrete des französischen Kaiserreichs blieben nach der Bildung des neuen Großherzogtums Hessen-Darmstadt 1815 im rheinhessischen Teil in Kraft, wenn sie auch selten angewendet wurden. Noch 1830 bestimmte die Regierung der Provinz Rheinhessen in Mainz, "wie und wo Moralitätszeugnisse und Judenpatente zu beantragen seien".[6] Erst 1849 waren die rechtlichen Beschränkungen, die nur die Juden betrafen, völlig obsolet geworden. Und 1871 mit der Gründung des Deutschen Reiches war die rechtliche Gleichstellung der Juden vollzogen, auch wenn faktische Einschränkungen (zum Beispiel beim Militär) blieben.

Wie sah es zu Beginn des 19. Jahrhunderts mit der gesellschaftlichen Akzeptanz der Juden aus?

Der beginnende Liberalismus des ausgehenden 18. Jahrhunderts, der zum Beispiel im Kurstaat Mainz zu einem "relativ liberalen Judenregime"[7] geführt hatte, war auch in der Beamtenschaft, zum Beispiel Preußens, unter den Begriffen "bürgerliche Verbesserung" oder "Naturalisation" verbreitet. Damit war gemeint, dass die Juden die Stellung von Bürgern erhalten sollten, und man glaubte, der integrierenden Kraft der Gesellschaft[8] vertrauen zu können. Wilhelm von Humboldt war nach den Niederlagen Preußens 1806 einer der stärksten Befürworter der Emanzipation. Der Begriff Emanzipation taucht allerdings erst in den 30er Jahren des 19. Jahrhunderts auf und wurde von Heinrich Heine geprägt.[9]

Es gab zahlreiche Beamtengutachten, die sich mit der Frage der Emanzipation befassten, meist im fortschrittlichen Sinne und die Bedeutung der Schulbildung betonend. Im Großherzogtum Hessen blieb für Rheinhessen, also das ehemalige Departement Mont-Tonnerre, die französische Gesetzgebung erhalten mit der Einschränkung des oben genannten "infamen Dekrets" von 1803, während die rechtsrheinischen Provinzen Starkenburg und Oberhessen nur die "individuelle Verleihung des Staatsbürgerrechts" vorsahen.[10] Die in Hessen-Darmstadt 1821 erlassene Gemeindeordnung sah indessen vor, dass das Gemeindebürgerrecht erworben werden konnte (Reg. Bl. 1821). In den Debatten beider Kammern des Hessischen Landtags spielten diese Fragen von Emanzipation und Bildung in der Folge eine große Rolle.

Das Großherzogtum Hessen-Darmstadt hatte als letzter der süddeutschen Bundesstaaten die in der Akte des deutschen Bundes vorgesehene Verfassung im Jahre 1820 erhalten. Art. 21 der Verfassung garantierte nur für die christlichen Konfessionen die freie und öffentliche Ausübung des Kultes. Art. 22 sicherte den Genuss "vollkommener Gewissensfreiheit". Während die christlichen Konfessionen als Körperschaften des öffentlichen Rechts betrachtet werden konnten, traf dies für die israelitische Religion nicht zu. Der Großherzog und seine Regierung betrachteten sich gleichwohl in allen Fragen der kirchenrechtlichen Organisation seiner Konfessionen und Religionen als oberste verantwortliche Instanz, die zum Beispiel Bistums- und Dekanatsgrenzen regelte und Eingriffe in innerkirchliche Organisationen vornahm.

Noch 1990 wirkte dieses staatliche Kirchenregiment im Urteil des Bischöflichen Ordinariats Mainz nach, wenn die Zeit um 1820/21 nach der territorialen Neuumschreibung des Bistums Mainz als "eine Zeit der unwürdigen Abhängigkeit und Bevormundung durch die weltliche Herrschaft" bezeichnet wird.[11] Für die Juden stellte sich dieses Kirchenregiment jedoch ganz anders dar als für die christlichen Konfessionen. Für sie waren die Anordnungen der Obrigkeit wohl eher als Garantie ihrer sich in den einzelnen Gemeinden vollziehenden verfassungsmäßigen Glaubensfreiheit zu betrachten. Trotz Fortgelten des Moralitätspatents garantierte der Staat den jüdischen Gemeinden und dem Rabbinat in den Zentren eine patriarchalische, aber in diesem Rahmen selbstständige Religionsausübung.

Im Zusammenhang dieser einleitenden allgemeinen Betrachtung sei auch das Problem des fortwirkenden Antisemitismus kurz beleuchtet.

In der Aufklärung und im beginnenden politischen Liberalismus mit seinem oft gegen die christlichen Konfessionen gerichteten Gedankengut war für den christlich geprägten Antijudaismus (die Juden als die "Gottesmörder") kein Raum, wenngleich er fortwirkte. Wirtschaftliche Krisen wie die des Handwerks unter den neuen Bedingungen der Gewerbefreiheit, auch die Agrarkrisen, verstärkten die in der Untertanenschaft des beginnenden 19. Jahrhunderts allgemeinen feindseligen Einstellungen gegenüber den Juden.[12] Diese betrachtete auch die staatsbürgerlichen Errungenschaften mit Misstrauen. 1819 kam es in Süddeutschland vielerorts zu offenen Krawallen gegenüber den Juden, die unter dem Namen "Hep-Hep-Unruhen" bekannt geworden sind. Wenige Monate nach der Ermordung des damals sehr populären Dichters August von Kotzebue (1819 in Mannheim) kam es zu dieser Welle von gegen die Juden gerichteten Ausschreitungen. Bei Krawallen und Schlägereien in Würzburg wurden jüdische Läden zerstört, es kam sogar zu Morden. Der alte antijüdische Kampfruf "Hep-Hep" aus der Zeit der Judenverfolgungen in den Kreuzzügen trug dazu bei, dass diese Krawalle sich ausbreiteten, systematisch geschürt und von langer Hand geplant wurden. Von Würzburg nach Frankfurt am Main - innerhalb von drei Monaten verbreiteten sich die Unruhen in ganz Deutschland. Auch in Hessen-Darmstadt kam es zu Aggressionen "gegen die im Getreide- und Viehhandel sowie im Geschäft mit Kleinkrediten tätigen Juden, bei denen man stark verschuldet war".[13] Bis zur Mitte des Jahrhunderts kam es immer wieder zu Unruhen mit lokalem Charakter, vor allem in Süd- und Westdeutschland sowie im Elsass.

Bei den "Hep-Hep-Krawallen" reagierte die großherzogliche Regierung in Darmstadt klug und prompt, indem sie den Gemeinden die Verantwortung für die in diesem Zusammenhang entstehenden Schäden und deren Wiedergutmachung auferlegte. Damit war den Krawallen die Spitze genommen und sie waren schnell beendet. Die Juden konnten also durchaus mit der Unterstützung der Regierung rechnen.

Als es dann später im Vormärz bis zur Revolution von 1848 zu Unruhen und Krawallen kam, haben diese "schockartig auf die Generation der emanzipierten Juden gewirkt, besonders auf das gehobene jüdische Bildungsbürgertum".[14]

Indes sollte ein neuer, eher intellektuell und nationalistisch gefärbter Antisemitismus entstehen, der trotz der hohen Assimilationsbereitschaft und der Erfolge der Juden im politischen Raum in Landtagen und im Reichstag in der zweiten Hälfte des 19. Jahrhunderts virulent war. Dieser erlangte Zugang zu höchsten Kreisen, sogar am Kaiserhof. Er wurde buchstäblich hoffähig. Auch der Angriff des ebenso nationalistischen wie berühmten Historikers Heinrich von Treitschke gipfelte in der Forderung: "Sie (die Juden) sollen Deutsche werden, sich schlicht und recht als Deutsche fühlen." Der nicht minder berühmte Historiker Theodor Mommsen replizierte zu Recht: Die Juden "sind es ja (nämlich Deutsche), so gut wie er (Treitschke) und ich".[15]

Aber gerade in den akademischen Milieus grassierte der Antisemitismus im Kaiserreich. Man könnte sagen, dass gerade da, wo die Assimilierung der Juden am weitesten fortgeschritten war, der neue Antisemitismus gedieh.

Die Emanzipation der Juden im 19. Jahrhundert bis in den Ersten Weltkrieg hinein machte in allen Gesellschaftsschichten Fortschritte. In den hessischen Staaten wohnten "prozentual und absolut mehr Juden als in anderen Gegenden Deutschlands". 1905 gab es in Hessen-Darmstadt 224 jüdische Gemeinden. Rohde hat für die erste Hälfte des 19. Jahrhunderts auch die Berufsstruktur der Juden untersucht. Ohne die Stadt Mainz gab es im Jahr 1817 von 453 untersuchten Juden 212 Gewerbetreibende und 184 im Handel tätige.[16] Untersuchungen von Verhandlungen vor dem Friedensgericht in Pfeddersheim zeigen, dass Viehhandelsgeschäfte zu Beginn des 19. Jahrhunderts einen großen Teil aller Handelsgeschäfte der Landjuden in Rheinhessen ausmachten (Kühe, Ochsen, Pferde, weniger Ziegen und Schafe). In aller Regel ging es nur um ein bis zwei Tiere. Der Preis für eine Kuh lag zwischen 55 und 154 Gulden, im Schnitt bei 110 Gulden. Gehandelt wurden weiter Getreide, Früchte, Kleesamen (man bedenke die Bedeutung der Luzerne für die Ernährung des Viehs in einer Landschaft mit wenig Weiden), Tabak, Öl, Wein, Branntwein.

Lebhaft gehandelt wurden so genannte "Ellen- und Spezereiwaren sowie Krämerwaren". Dazu kam der Geldverleih, zum Teil mit hohen Summen. Die Klöster und Stifte, die vor der Säkularisation auch im Geldverleih tätig waren, gab es nicht mehr. Neu war das Aufkommen so genannter "Zessionsgeschäfte": Vor allem Christen traten zum Beispiel eine Forderung, die sie an einen anderen Christen hatten, an einen Juden ab.[17] Eine weitere Tätigkeit für finanzstarke Händler waren die großen Geschäfte als Armeelieferanten, besonders für die französische Armee.
Man gewinnt den Eindruck eines Handels, der durchaus beiderseitigen Interessen von bäuerlicher Landbevölkerung und jüdischen Händlern diente. Diese lebten zunehmend in dieser christlichen Bevölkerung und prosperierten.

Eine von Rohde angestellte Untersuchung[18] über den Grundbesitz der Juden in ausgewählten Gemeinden zeigt, dass im Jahre 1817 die überwiegende Zahl der Juden keinen Grundbesitz hatte. Wenige hatten Grundbesitz zwischen 0,1 bis 5 Morgen, nur einzelne größeren Grundbesitz. Auch die Ebersheimer Juden waren bis auf Ausnahmen keine vermögenden Leute. Sie lebten vom Handel, vor allem mit Vieh, aber auch Wein, sie waren Metzger, "Ellenwaren"-Händler.

Rohde fasst die Chancen dieser ländlichen jüdischen Bevölkerung wie folgt zusammen: "Das Zusammenspiel von bürgerlicher Gleichberechtigung, freier Berufswahl, dem Erwerb von Grundbesitz sowie den verbesserten Erwerbschancen bot den jüdischen Händlern seit der französischen Zeit bisher unbekannte Aufstiegschancen. In den 1830er und 1840er Jahren konnten die jüdischen Händler vor allem von einem immer besser ausgebauten Verkehrsnetz an Straßen und Flüssen sowie einer gestiegenen Nachfrage nach Konsumgütern und Nahrungsmitteln profitieren, während die christliche Bevölkerung von einer Krise des Handwerks und der Landwirtschaft betroffen wurde."[19] Juden waren auf das Ausüben von Handel gezwungenermaßen spezialisiert. Sie hatten Kenntnisse und Geschäftsverbindungen durch weit gespannte Familiennetze und eine höhere berufliche Mobilität. Die Mehrheit der jüdischen Händler hatte zunächst keinen festen Laden, der Reise- und Hausier-Handel und die Kenntnisse von Märkten taten ein Übriges, um den Erfolg herbeizuführen.

Ein Zeichen für den wachsenden Wohlstand ist auch der Bevölkerungszuwachs bis zur Mitte des Jahrhunderts:
Von 1823 bis 1849 vermehrten sich die Juden erheblich stärker als die christliche Bevölkerung. Bei der Zählung 1822 betrug der Anteil der jüdischen Bevölkerung 3,4 %, 1828 war die jüdische Bevölkerung in Rheinhessen mit 3,97 % am dichtesten. 1849 betrug der Anteil 3,43 %, 1861 begann dann bereits die Abnahme der Bevölkerungszahl. 1905 betrug der Anteil nur noch 2,25 %, eine Auswirkung der wachsenden Auswanderung nach Übersee, die besonders stark war von 1880 bis 1889.[20]

Die Konzentration der Juden im kurhessischen Raum (Hessen-Kassel) und in Nassau führte offenbar dort zu einem wachsenden Antisemitismus. Bei den Reichstagswahlen 1893 wurden im Deutschen Reich insgesamt 18 Mandate an antisemitische Abgeordnete vergeben, davon allein sieben in Nassau.[21]

Nun zu der Anzahl der Juden in Ebersheim:

Die Grafik gibt einen Überblick über die Gesamtzahlen. Sie sind den Jahresrechnungsbüchern der Gemeinde Ebersheim entnommen - soweit diese erhalten sind - und der Literatur, insbesondere Arnsberg und "Synagogen in Rheinland-Pfalz".

Am Anfang (1785) steht der Schutzjude Beer, von dem schon die Rede war, mit seiner Familie.

1801/04 werden zwei Juden, wohl als Haushaltsvorstände, genannt. Es dürfte sich also um etwa zehn Personen gehandelt haben. 1816 werden bereits achtzehn Personen genannt und 1824 neunundzwanzig.[22]

Juden in	Ebersheim	Harxheim	Nieder-Olm
1800	10		
1816	18		
1824			24
1827	38		16
1830		23	
1835	41		
1840			27
1855	47		
1861	58		37
1863	54		
1880	59		64
1883	56	14	
1890	49		
1900	52		32
1905		16	
1910			28
1925	25		19
1932	29		
1933			19
1936	25		

Erläuterungen:

1. Die Zahlen für 1830 - 1835 - 1868 - 1883/84 - 1890/91 - 1936 sind den Rechnungsbüchern der Gemeinde Ebersheim entnommen; sonst Zahlen bei Arnsberg, Krienke und "Synagogen Rheinland-Pfalz-Saarland".

2. In Nieder-Olm lebten 1840 zirka fünf Familien, davon optierten zwei für die Gemeinde Ebersheim, zwei oder drei für Sörgenloch. Seit 1856 eigene Synagogen-Gemeinde.

3. In den Rechnungsbüchern der israelitischen Gemeinde Ebersheim - Harxheim sind von 1878 bis 1891 immer fünf beziehungsweise sechs umlagepflichtige Männer für Harxheim nachgewiesen. Ob es sich dabei um Familienväter gehandelt hat, ist unbekannt, aber wahrscheinlich.

4. Die Zahl der Katholiken in Ebersheim stieg von 867 (1830) auf 1.075 (1868) und 1.130 (1936).

Diese Statistik (Gemeinde-Rechnungsbücher und Literatur) zeigt von dem oben genannten Trend durchaus Abweichungen. Der Höhepunkt der jüdischen Bevölkerungszahlen in Ebersheim war in den Jahren 1855 bis 1900. Erst dann, wohl infolge des Ersten Weltkriegs und der Wirtschaftskrise, kommt es zu einer starken Abnahme der jüdischen Bevölkerung. Auswanderung ins Ausland, aber auch Abwanderung in die Städte mögen hier gleichermaßen ursächlich gewesen sein.

Was den Anfang des 19. Jahrhunderts angeht, so darf man von der in der Literatur üblichen statistischen Annahme ausgehen, dass bei der Nennung einer Familie von fünfköpfigen Familien auszugehen ist. Somit wären in den Jahren 1820 ff. in Ebersheim etwa fünf Familien, in den Jahren 1830 bis 1840 etwa acht jüdische Familien ansässig gewesen.

II. Die Bildung der israelitischen Gemeinde Ebersheim mit Harxheim und der Kauf der Synagoge Ebersheim

Das früheste Zeugnis über eine israelitische Gemeinde in Ebersheim datiert vom 14. März 1830 und soll hier vollständig abgedruckt werden.[1]

"Betreffend die Anstellung eines israelitischen Religionslehrers und Vorsängers zu Ebersheim:

die Großherzoglich Hessische
Regierungskommission
des Regierungsbezirks Mainz
an
den Herrn Bürgermeister
zu Ebersheim

Indem wir Ihnen in den Anlagen

1. *den von uns genehmigten Vertrag zwischen dem israelitischen Vorstand und dem Religionslehrer Reiß,*

2. *den Vertrag über die Miethe eines Lehr- und Wohnzimmers, von uns genehmigt,*

3. *die Liste über das Schul- und Holzgeld, gleichfalls von uns genehmigt, zugehen lassen, bemerken wir Ihnen hierzu Folgendes:*

Der Israelit. Religionslehrer von Ebersheim hat den Israelit. Kindern von Ebersheim und Harxheim den gesammten Religionsunterricht zu erteilen, da aber den Kindern nicht zugemutet werden kann, während dem Winter /1. Oktober bis 1. April/ den Weg nach Ebersheim zu machen, so ist der

Lehrer verpflichtet, in dieser Zeit den Unterricht in Harxheim mindestens zweimal wöchentlich zu geben. Die Kosten, welche dieser Unterricht in Harxheim verursacht, sind aus der israelit. Gemeindekasse zu bestreiten. Was den Wandeltopf anbelangt, so kann dem Lehrer Reiß nicht zugemutet werden, solchen auch bei den Gemeindegliedern zu Harxheim zu nehmen, da der Lehrer in Ebersheim seinen Wohnsitz hat, so sind auch die Israeliten verpflichtet, ihm den Wandeltopf zu verabreichen.

Sie wollen nach Vorstehendem den Vorstand der israelit. Religionsgemeinde zu Ebersheim und Harxheim sowie den Lehrer Reiß bedeuten, und die Anlagen dem Vorstande zustellen."

Der Brief ist isoliert, die Anlagen sind nicht erhalten.

Zu dem Brief ist einiges anzumerken. Der gesamte Schriftverkehr der großherzoglichen Regierungskommission und später des großherzoglichen Kreisrates geht immer an den Bürgermeister zu Ebersheim, auch wenn Religionsangelegenheiten, wie hier mit der israelitischen Gemeinde, zu besprechen sind. Die Religionsbehörde hat ein Durchgriffsrecht bis in die Gemeinden hinein und der Bürgermeister der Gemeinde ist der verlängerte Arm der Regierung.

Nun zum Sachverhalt:
Der Lehrer und Vorsänger Reiß hat eine Wohnung, wahrscheinlich von einem Glaubensgenossen in Ebersheim, gemietet und unterrichtet in einem Raum, der dann "Lehrstube", vielleicht auch Betstube ist, die israelitischen Kinder in der Thora, den Fünf Büchern Moses, denn eine Synagoge gibt es noch nicht. Ein Betraum ist nicht bekannt, ist aber anzunehmen.

Interessant ist die Rücksichtnahme auf die Kinder von Harxheim, denen der einhalbstündige Weg von Harxheim nach Ebersheim im Winter nicht zuzumuten ist. Bei dem "Wandeltopf", von dem hier ist die Rede ist, handelt es sich um eine modern gesprochene "ambulante Essensversorgung" des Lehrers, der keine Küche in seiner Wohnung unterhält. Die Gemeindemitglieder haben den Inhaber dieses Wandeltopfes reihum zu versorgen. Diese Art der Essensversorgung war nach dem Zweiten Weltkrieg in Dörfern noch gang und gäbe.

Über die israelitische Gemeinde sagt uns dieses Schreiben einiges:
Ebersheim und Harxheim bilden eine Gemeinde, wahrscheinlich deshalb, um gemeinsam die Mindestzahl von 10 Männern für den Gottesdienst, den Minjan, zu erreichen. Diese hat sich auch in ihrer Struktur offenbar schon gefestigt, das heißt, sie hat einen Vorsteher, der über den Bürgermeister unterrichtet wird. Sie dürfte offenbar schon seit einigen Jahren bestehen. Die Gemeinde ist außerdem finanziell so gestellt, dass sie einen Lehrer und Vorsänger einschließlich der dazu benötigten Wohn- und Lehrräume aus ihren Mitteln anstellen und bezahlen kann.

Da die Gemeinde offenkundig bereits vor 1830 bestand, darf angenommen werden, dass es in Ebersheim einen Gebetsraum für die Ebersheimer und Harxheimer Juden gab, möglicherweise bereits von Beginn des Jahrhunderts an. Solche Gebetsräume waren in Privathäusern und dürften die Funktion einer Synagoge mehr schlecht als recht erfüllt haben. Dann entschloss sich die Gemeinde zum Kauf der Hofraithe in der Mainzer Straße. Hierzu benötigte sie selbstverständlich die Erlaubnis der Religionsbehörde, des Kreisrates, der ihr auch die Erlaubnis zum Geldsammeln erteilte (s. o.).

Aus der oben genannten Liste ist ersichtlich, dass damals in Ebersheim 38 Juden lebten, das heißt etwa sechs bis sieben Familien. Hinzu kommen- angenommen – etwa drei bis vier Familien in Harxheim. Die Zahl ist aus Angaben abgeleitet, die der Gemeindeverwaltung Harxheim für das Ende des Jahrhunderts gegeben worden sind, aus der Zahl der umlagepflichtigen Harxheimer Juden 1878 - 1890. Der Schriftwechsel betrifft nur den Religionsunterricht. Denn nach der hessischen Schulverordnung waren auch die israelitischen Kinder verpflichtet, die öffentliche Schule zu besuchen. Art. 55 sagt: "Die Bekenner der mosaischen Religion sind, insoweit sie nicht eigene Elementarschulen haben, verpflichtet, ihre Kinder zum Besuche der öffentlich angeordneten christlichen Schulen anzuhalten." Eine Quelle für die ersten in Ebersheim überlieferten Namen von Juden nach dem schon genannten Beer von 1785 sind die Versäumnislisten für den Schulbesuch der öffentlichen Schule. Die großherzoglichen Bürgermeister waren verpflichtet, bei der Durchsetzung der Schulpflicht Strafgelder für unerlaubtes Fernbleiben vom Unterricht zu verhängen und darüber Quartalslisten mit Namen des Vaters und des Kindes zu führen. Da Juden wie Christen gleichermaßen säumig waren, erfahren wir in einer Liste von 1832 die Namen

- Jacob Berney (Vater) mit Sohn Friedrich,
- Leopold Goldschmitt mit Jacob und Katharina,
- Goldschmied mit Jacob und Leopold,
- Abraham Bernay mit Joseph und Johannes sowie
- Goldschmied Löb mit Johann.

Dies sind die ersten in Ebersheim namentlich bekannten Mitglieder der israelitischen Gemeinde und ihrer Kinder. Die Schreibweise der Namen ist noch nicht gefestigt und kann variieren.
Wir erhalten also aus zwei unterschiedlichen Quellen Informationen über die Zahl und die Namen der insgesamt zu der israelitischen Gemeinde Ebersheim und Harxheim gehörenden Gläubigen.[2] Die Namen, die hier in den Schulversäumnis-Listen genannt sind, werden uns über das gesamte 19. Jahrhundert und bis zum Untergang der Gemeinde als Vorsteher und Angehörige der israelitischen Gemeinde in Ebersheim begegnen.
Die Gründung dieser Gemeinde Ebersheim mit Harxheim fällt in eine Zeit vielfältiger Gemeindegründungen in Rheinhessen, die die großherzoglich-hessische Regierung veranlasst, Regeln für die Bildung und Struktur der israelitischen Gemeinden zu treffen.
Ein Einschnitt in der gesamten Diskussion um liberalere Verhältnisse im Großherzogtum war der Tod des Großherzogs Ludewigs I. am 6. April 1830. "Er hinterließ dem Sohn das Staatswesen wohl geordnet" ... aber "ein wenig schläfrig". Sein Sohn und Nachfolger Ludwig II. von Hessen und bei Rhein übernahm die Regierung. Sein langjähriger Minister Du Thil urteilte: "Bei aller Gutmütigkeit und Friedensliebe war er jedoch ... der energischsten Entschlüsse fähig".[3]

Die erste Verordnung zur Bildung der Vorstände der israelitischen Religionsgemeinden,[4] war in den Regelungen derart obrigkeitsstaatlich geprägt, dass sie im Landtag erhebliche Kontroversen mit den Liberalen vor allem aus Rheinhessen auslöste und daher kaum Wirkung zeigte.

Andere Verordnungen betrafen die Organisation der Regierung. So heißen die Verwaltungsbezirke jetzt "Kreise" und die Beamten "Kreisräte", die Provinz zu Rheinhessen (Art. 27) heißt jetzt "Provinzialdirektion".

Auch die Vorstände der katholischen Gemeinden, die seit dem 18. Jahrhundert "Fabrikräte" hießen, wurden jetzt in "Kirchenvorstand" umbenannt.

Ein weiteres Edikt betrifft das Volksschulwesen. Wie die Juden sind jetzt auch Mennoniten und Wiedertäufer verpflichtet, ihre Kinder in die öffentliche Volksschule zu schicken. Auch die "Bekenner der mosaischen Religion sind, insofern sie nicht eigene Elementarschulen haben, verpflichtet, ihre Kinder zum Besuche der öffentlich angeordneten christlichen Schule anzuhalten".[5]

Der als notwendig erkannte Reformbedarf in den Bereichen Religion, Kultus und Schule wurde demnach energisch angegangen.

Die Verordnung von 1830 entfaltete nur geringe Wirkung und kam nicht aus der politischen Diskussion heraus. Sie wurde dann durch eine neue Verordnung vom 2. November 1841[6] abgelöst. Nach Keim ist sie eine "umfassende bis ins Einzelne gehende israelitische Gemeindeordnung, die deutlich die Züge einer neuen Entwicklung trägt",[7] also einen liberalen Geist erkennen lässt.

Geradezu an moderne bundesrepublikanische Diskussionen erinnert eine andere Verordnung dieses Vorschriftenbündels aus dem Jahre 1843. Es ging um die Beschneidung der israelitischen Knaben, die zwar nicht so radikal-liberal geregelt werden sollte, wie das von manchen fortschrittlichen Abgeordneten gefordert wurde, die aber dem konstitutionellen liberalen Staat gemäß schien.[8] "Wir, Ludwig II. ... finden uns bewogen zu verordnen wie folgt: Die Beschneider (Mochel) müssen vor dem Physikalsarzt eine Prüfung abgelegt haben, darüber ein Zeugnis vorweisen können und die Beschneidung muss in Gegenwart eines zur Praxis in der Heilkunde verpflichteten Arztes vorgenommen werden." Ob daraus eine gängige Praxis, vor allem in den ländlichen Bereichen, wurde, ist nicht bekannt.

Zurück zur Verordnung über die Organisation der israelitischen Religionsgemeinden und die Bildung der israelitischen Vorstände von 1841. In dieser Verordnung nehmen die finanz- und vermögensrechtlichen Bestimmungen breiten Raum ein. Der Vorstand steht an der Spitze der Religionsgemeinde "als gesetzlicher Stellvertreter derselben, in allen Angelegenheiten, welche die Gemeinde als solche und die Verwaltung ihres Vermögens und Haushalts betreffen". Vorgesetzte Dienstbehörde ist zunächst der Kreis- oder Landrat. Der Vorstand ist "mittelst Wahl nach Stimmenmehrheit" vorzuschlagen, aus denen der Kreis- oder Landrat die fünf oder drei Mitglieder des Vorstandes ernennt. Bei Gemeinden mit weniger als fünfzig Familienvätern sollen drei Vorstandsmitglieder gewählt werden. Der Vertreter des Landrats, in der Regel der Bürgermeister, leitet die Wahl. Die Befugnisse des Vorstandes betreffen zunächst das Gemeindevermögen. Er hat "zu wachen, dass die Synagogenordnung pünktlich beachtet wird, gehörige Ordnung in den Synagogen, Betschul, Frauenbad und Friedhof" besteht. Er soll "die religiöse und bürgerliche Bildung der Israeliten seiner Gemeinde ... fördern", das Armenwesen fördern und darüber berichten. Ein Rechner für die Rechnungsangelegenheiten wird durch den Kreisrat bestellt. Es dürfte in der Regel - wie in Ebersheim - der Rechner der zivilen Gemeinde gewesen sein. Weiterhin sind Haushaltsvoranschläge und ein Heberegister für die Umlage, die erhoben werden kann, zu erstellen.

Insgesamt muss diese Verordnung als eine umfassende und solide Grundlage für die Existenz und die Entwicklung der israelitischen Gemeinden in Rheinhessen betrachtet werden.

Wie gehen nun der Kreisrat und die israelitische Gemeinde Ebersheim mit der Verordnung um?

Die Verordnung ist am 2. November 1841 erlassen worden. Am 15. März 1842 schickt der "Großherzoglich Hessische Kreisrath für den Landbezirk des Kreises Mainz" ein Schreiben

"An sämtliche großherzoglichen Bürgermeister, in deren Gemeinden sich Israeliten befinden.

Sie wollen nach Rücksprache mit den israelitischen Vorständen, wo sich deren befinden, oder in deren Ermangelung mit den Notablen der Israeliten ihrer respektiven Gemeinden, binnen acht Tagen berichten:

1. *ob sich in der Gemeinde eine Synagoge und zwar in einem besonderen Gebäude oder nur in einem Privathaus befindet,*

2. *ob die Israeliten einen eigenen Friedhof in der Gemeinde besitzen oder sie einen auswärtigen und an welchem Ort gelegenen, theilhaben;*

3. *ob dieselben für sich eine eigene Gemeinde bilden oder mit einer anderen Gemeinde und mit welcher in Bezug auf Synagoge, Friedhof und sonstigen Kultverhältnissen in Verbindung stehen;*

4. *ob, wenn die Israeliten für sich eine Muttergemeinde bilden, Israeliten aus anderen Gemeinden und aus welchen zum dortigen Kultverband schon gehören;*

5. *ob die Israeliten ihrer Gemeinde eine Veränderung ihres bisherigen Kultverbandes wünschen und zwar entweder, dass sie zu einer anderen Gemeinde und zu welcher zugeteilt würden, oder dass ihnen selbst (so nämlich eine Muttergemeinde schon besteht) die Israeliten aus anderen Gemeinden und aus welchen noch zugeteilt werden möchten.*

In Ihren Berichten haben Sie die Fragen ganz in derselben Reihenfolge wie vorstehend genau und vollständig zu beantworten."

Das Dokument befindet sich mit weiteren Folgeschreiben, aber leider ohne die Antworten des Bürgermeisters von Ebersheim, im Archiv der Stadt Mainz.[9] Auch im Landesarchiv Darmstadt sind keine Mainzer Akten dieser Zeit vorhanden. Der Inhalt des Schreibens ist in dieser Vollständigkeit wiedergegeben, weil er einen guten Einblick gibt in die Denkweise und die Zielsetzung der Verwaltung, ein Lehrstück der damaligen Verwaltungspraxis. Bemerkenswert ist auch der mehrfache Hinweis, dass die Wünsche der Israeliten, was die Zugehörigkeit zur Kultusgemeinde angeht, weitgehend berücksichtigt werden sollen. Der Staat denkt offenbar nicht daran, in die Zuordnung der einzelnen Familien zu Gemeinden einzugreifen.

Der Bericht des Ebersheimer Bürgermeisters trifft aber offenbar pünktlich ein und gibt dem Kreisrat Gelegenheit zu einer Entscheidung. Und der erste Satz des Folgeschreibens vom 20. Juli 1842 hat es in sich, weil er unsere bisherigen Kenntnisse von den Verhältnissen in Ebersheim doch durchgreifend verändert.

Der Kreisrat für den Landbezirk des Kreises Mainz schreibt an den großherzoglichen Bürgermeister zu Ebersheim:

*"Nach der Zahl der Familienväter hat der nunmehr zu bildende Vorstand der israelitischen Gemeinde zu Ebersheim in Verbindung mit Harxheim und den zwei Familien von Nieder-Olm, **welche bisher schon die Synagoge zu Ebersheim** besuchten (die zwei anderen Familien von Nieder-Olm wollen bei Sörgenloch verbleiben) aus drei Mitgliedern zu bestehen.*

Ich ernenne Sie hiermit zum Commißair zur Leitung der erstmaligen Wahl, welche genau nach Vorschrift dem § 2 Abs. 3 der allerhöchsten Verordnung vom 2ten November 1841 (Reg.Bl. Nr. 37) zu vollziehen ist. Mit dem binnen 14 Tagen ... vorzulegenden Wahlprotokoll haben Sie zugleich die Stimmzettel und ein Namensverzeichnis aller großjährigen israelitischen Gemeindemitglieder männlichen Geschlechts einzusenden und dabei zu bemerken, welche bereits

Familienväter sind. Auch haben Sie hinsichtlich der Gewählten anzugeben, ob dieselben die Eigenschaften nach § 2 der Verordnung besitzen und nicht als Vater, Sohn, Großvater, Enkel oder Bruder miteinander verwandt sind.

Des Weiteren wird der Bürgermeister beauftragt, aus diesen gewählten sechs Personen drei zu bezeichnen, die er für geeignet hält, den Vorstand zu bilden. Zugleich soll er denjenigen benennen, der seiner Ansicht nach am besten geeignet ist, den Vorsitz im Vorstand zu übernehmen."[10]

Der Bericht des Bürgermeisters über die Wahl liegt uns nicht vor. Das Antwortschreiben des großherzoglichen Kreisrats vom 6. August 1842 sagt allerdings:

"Die abgehaltene Wahl bestätigend ernenne ich hiermit

1. *Leopold Goldschmitt,*
2. *Jacob Meier II. und*
3. *Georg Simon II.*

zu Mitgliedern des Vorstandes der israelitischen Gemeinde und von diesen drei wieder den Georg Simon II. zum ersten Vorsteher."

Sie wollen dieselben davon benachrichtigen und den so gebildeten Vorstand anweisen, die Wahl bei versammelter Gemeinde bekannt zu machen.

Zugleich lade ich Sie ein, den Vorstand mit seinen Funktionen nach Maßgabe der bekannten Verordnung vertraut zu machen und ihm insbesondere zu bemerken, dass nunmehr vor allem der 1843er Voranschlag aufzustellen sei.

Will der Vorstand einen zweijährigen Voranschlag, also pro 1843 und 1844 aufstellen, so kann auch dieses geschehen."[11]

Der erste Vorsteher der israelitischen Gemeinde musste daraufhin vor dem großherzoglichen Bürgermeister einen Eid leisten, der uns als Formular erhalten ist. Wegen der Bedeutung wird er hier vollständig abgedruckt.

"Heute, den ..., erschien vor mir, dem großherzoglichen Bürgermeister zu ... als hierzu laut Rescript des großherzoglichen Kreisraths für den Landbezirk des Kreises Mainz vom 26. Juni 1843 commitiert der neu ernannte israelitische Religionsgemeinde-Vorsteher ... zu ... Berufs seiner Verpflichtung.

Derselbe gelobte treue Erfüllung seiner Amtspflichten und genaue Beobachtung der Vorschriften des § 9 ff. der allerhöchsten Verordnung vom 2. November 1841 und zur Bekräftigung dieses Gelöbnisses sprach er deutlich die Worte aus:

'Ich schwöre / bei dem allerhöchsten Gott, / der Himmel und Erde erschaffen hat / und Meusi erschienen ist, / und bei den zehn Geboten, / die Meusi gegeben sind, / dem eben Gelobten / getreulich und unverbräuchlich nachzukommen, / so wahr mir der wahre Gott Adonay / helfen wolle,'

wobei derselbe seine rechte Hand, nach jüdischem Ritualgesetze auf die Worte des mosaischen Gesetzes, die mit eossisa haschau anfangen, legte.

Worüber gegenwärtiges Protokoll aufgenommen und von dem Obengenannten mit mir unterschrieben wurde.

Also geschehen zu ... im Jahr, Monat und Tage wie oben.

der großherzogliche Bürgermeister   der Vorsteher."

Im Original sind die senkrechten Striche in der Eidesformel handschriftlich offenbar vom Bürgermeister selbst eingefügt, um die Pause zum Nachsprechen der Eidesformel durch den Vorsteher zu markieren.

Um den Eid gültig zu machen, musste der Schwörende seine rechte Hand auf eine etwa 5 mm dicke Tafel legen (siehe Abdruck), auf der in hebräischen Buchstaben geschrieben steht:

"Du sollst den Namen des Herrn, deines Gottes, nicht missbrauchen; denn der Herr lässt den nicht ungestraft, der seinen Namen missbraucht."[12]

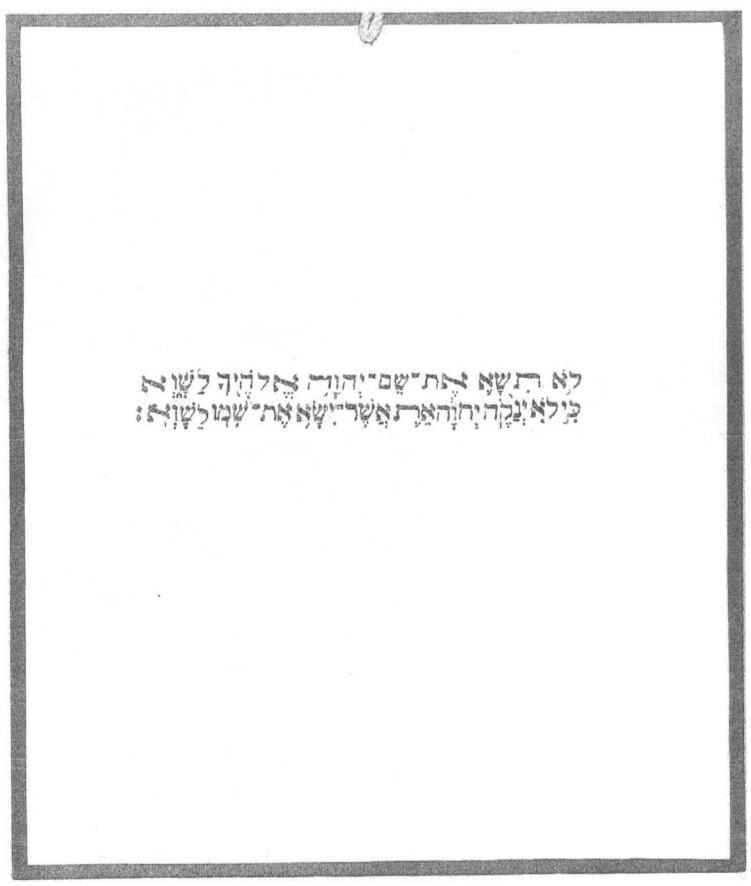

Schließlich findet die Gründung der israelitischen Gemeinde Ebersheim ihren formalen Abschluss in dem Schreiben des großherzoglich hessischen Kreisrats für den Landbezirk des Kreises Mainz vom 21. November 1842

"Betreffend die Synagogen-Ordnung für die israelitische Gemeinde zu Ebersheim mit Harxheim und einem Theil von Niederolm.

An Großherzogliche Bürgermeisterei Ebersheim
beifolgend erhalten Sie die von mir für die israel. Religionsgemein-
de zu Ebersheim erlaßene Synagogenordnung mit dem Auftrage,
dieselbe dem israelit. Vorstand alsbald zuzustellen und für deren
Publikation namentlich durch Anschlag in der Synagoge und Verle-
sung daselbst bei versammelter Judengemeinde besorgt zu sein u.
daß und in welcher Weise diese Publication vollzogen worden, dar-
über ein Protokoll aufzunehmen und solches von Ihnen und dem
Vorstande unterschrieben hereinzusenden. ..."[13]

Die vorliegenden Schreiben sind in mehrfacher Hinsicht bemerkenswert:

In Ebersheim gibt es offenbar schon seit längerem eine Synagoge, die von den Juden in Harxheim und von einem Teil der Juden in Nieder-Olm besucht wird. Die großherzogliche Behörde hat eine Synagogen-Ordnung für die Gemeinde erlassen, die leider nicht erhalten ist. Sie war wie vorgesehen im Inneren der Synagoge für jedermann lesbar angeschlagen. Verschiedene erhaltene Synagogen-Ordnungen anderer Gemeinden zeigen, dass in solchen Ordnungen die Frage des Hausrechts durch den Vorstand geregelt wurde, auch die Pflichten des Vorsitzenden, des Vorsängers und des Vertreters im Gottesdienst sowie das Verhalten der Gemeindemitglieder. Von der für Ingelheim erhaltenen Synagogen-Ordnung wissen wir, dass ihr Erlass durch den Kreisrat- in diesem Falle Bingen - nach Beratung mit dem Vorstand der Gemeinde erfolgte.

Bei der Neuordnung der israelitischen Religionsverhältnisse im Jahr 1842 hatten die Nieder-Olmer Juden, da es dort keine Synagoge gab, ein Wahlrecht. Zwei Familien besuchten offenbar seit längerem die Synagoge in Ebersheim, andere Familien besuchten die Synagoge in Sörgenloch. Die Zuteilung nach Ebersheim erfolgte unter dem Vorbehalt, dass die Rechte und Pflichten der Juden am Friedhof in Sörgenloch erhalten blieben.[14] Diese Zuordnung der beiden Nieder-Olmer Familien zur Synagoge in Ebersheim dauerte wahrscheinlich bis zur Errichtung der Nieder-Olmer Synagoge im Jahre 1856 und endet dann. Auch diese Entscheidung des Kreisrates deutet darauf hin, dass die Synagoge in Ebersheim bereits einige Zeit vorher bestand.

In allen Dokumenten dieser Zeit fehlt der Hinweis auf den jüdischen Friedhof in Ebersheim. Aus der Tatsache, dass er nicht erwähnt wird, kann geschlossen werden, dass er seit langem als Eigentum der Gemeinde in Ebersheim besteht. Wir dürfen davon ausgehen, dass er auch vor dem Jahre 1830, also vor der Anstellung des Lehrers, bereits existierte. Diese Annahme befindet sich im Einklang mit denjenigen, die die Entstehung des jüdischen Friedhofs Ebersheim in die Zeit vor 1840 datieren. Mit der Entstehung einer jüdischen Gemeinde - und diese ist vor 1830 entstanden - muss notwendigerweise auch ein Friedhofsgelände für die Gemeinde erworben worden sein.

Zur Datierung der Synagoge

Wenn man die vorhandenen schriftlichen Quellen betrachtet, kann man sicher davon ausgehen, dass die Synagoge Ebersheim vor dem 20. Juli 1842 bestanden hat. Sie wurde von der Gemeinde nicht erbaut, sondern als bestehendes Gebäude gekauft und ausgebaut. Das belegt ein Schreiben des Kreisrates vom 18. November 1844, in dem es um eine Auseinandersetzung der Behörde mit dem Vorstandsmitglied Leopold Goldschmitt geht, dem vorgeworfen wird, die Summe von vier Gulden und Zwölf Kreuzern der Kasse der Gemeinde vorenthalten zu haben. Der Betreff des Schreibens stellt den Zusammenhang zur Synagoge her. Er lautet:

> "Betreffend den Ankauf einer Synagoge für die israelitische Religionsgemeinde Ebersheim, insbesondere die deshalb erteilte Collection-Erlaubnis im Kreise Mainz".[15]

Die israelitische Gemeinde hat also ein Gebäude, das vermutlich landwirtschaftlichen Zwecken gedient hat, gekauft und für gottesdienstliche Belange hergerichtet. Beim Kreis wurde eine Erlaubnis erwirkt, vor allem wohl bei den Glaubensbrüdern Geld für den Ankauf und den Umbau zu sammeln. In den Inventar-Verzeichnissen der israelitischen Gemeinde aus den Jahren 1878 bis 1890 und für 1936 wird das Grundstück, auf dem die Synagoge steht, immer als "Hofraithe im Ort" bezeichnet. Das bedeutet, dass wir von einem landwirtschaftlichen Gebäude, wahrscheinlich einer Scheune, auszugehen haben, die auf diesem Grundstück errichtet worden war und die der Eigentümer an die Gemeinde verkauft hat. Urkunden darüber sind nicht erhalten.

Was aber erhalten ist, sind Katasterpläne, die in Form von "Parzellen-Karten" der Gemarkung Ebersheim bestehen. Es handelt sich einmal um den so genannten "Ur-Kataster", der 1840/41, in jedem Fall aber vor 1842, aufgenommen und in den Jahren 1842 bis 1844 bearbeitet wurde. Die zweite Karte zeigt wiederum die Parzellen-Karte der Gemarkung Ebersheim, die später, wohl 1843 aufgenommen und 1845 bearbeitet wurde. Karte 1 enthält die Abmessungen der Grundstücke, Karte 2 enthält zusätzlich die Grundstücksnummern. Die Maße sind als damals gebräuchliche Klafter (= 2,5 m) angegeben. Der Klafter als Flächenmaß hatte 6,25 m². Diese Karten werden im Vermessungs- und Katasteramt Rheinhessen-Nahe in Alzey aufbewahrt (s. Abdruck). Das Besondere an den Karten ist, dass sie die beiden Gebäudeteile der Synagoge zeigen. Auf Karte 1 ist das eigentliche Synagogengebäude mit den Abmessungen 2,90 (Straßenfront) x 3,45 (Grundstückseite) Klafter eingezeichnet. Das entspricht Gebäudemaßen von 7,75 m x 8,5 m = etwa 63 m². Dies ist das eigentliche Synagogengebäude.

Auf Karte 2 ist bereits der hintere Anbau der Synagoge eingezeichnet, mit einem noch kleineren Anbau an der nördlichen Eckseite, wohl einem Abort. Dieser Anbau hat die Abmessungen 2,93 (hintere Front) x 2,12 Klafter. Das entspricht etwa 38 m². Das vordere Gebäude ist sicher für die Zwecke der israelitischen Religionsgemeinde als Synagoge umgebaut worden (Fenster, zwei Türen etc.), das dahinter angebaute kleinere Gebäude als Wohnung für den Lehrer und Vorsänger.

Nach Ansicht älterer Ebersheimer, die die Trümmer der Synagoge im Krieg und danach gesehen haben, ist das Gebäude aus so genanntem Feldbrand errichtet worden. Damit ist ein Material bezeichnet, das aus dem Grundstück (Löss/Lehm) an Ort und Stelle zu Ziegelsteinen geformt und an offenem Feuer gebrannt wurde. Das war eine übliche Bauweise der Zeit. Weitere Hinweise deuten auf einen Putzbau, dessen Fenster und Türen aus

Sandstein-Laibungen oder aus Putz geformten Fenster- und Türrahmen hatten.

Die wirtschaftlichen Grundlagen der israelitischen Gemeinde; die Religionsgemeinschaft

In den Jahren 1830 bis 1855 können wir von 38 bis 47 Juden in Ebersheim ausgehen. Hinzu kommt eine unbekannte Zahl Harxheimer Juden, die aber mit etwa drei, maximal vier Familien, das sind etwa 15 Personen, angenommen werden kann, weiter die beiden Nieder-Olmer Familien, etwa 10 Personen. Wir kommen also auf eine Gesamtzahl von 70 Personen, die die Synagogengemeinde in Ebersheim mit Harxheim und Nieder-Olm ausgemacht haben dürften. Zum Vergleich: Die katholische Bevölkerung entwickelte sich in dieser Zeit von 867 Personen im Jahre 1830 bis auf etwa 905 Personen in den Jahren 1850 bis 1860. 1868 war die Zahl der Katholiken auf 1.075 Personen angestiegen.

Die Namen, die uns in der Zeit von 1830 bis 1842 begegnen, die Goldschmitt, die Simon, die Berney, sind dieselben Namen, die uns über das jüdische Jahrhundert hinweg begleiten. Auch am Ende der jüdischen Gemeinde 1938 sind diese Namen in den Rechnungsbüchern der Gemeinde verzeichnet. Wir können daher von einer verhältnismäßig großen Kontinuität bei der jüdischen Bevölkerung in Ebersheim ausgehen. Auch wenn wir keine Hinweise auf Zuzug oder Wegzug im 19. Jahrhundert haben, so können wir aufgrund der Namensnennungen in den Unterlagen von einer großen Stabilität der jüdischen Bevölkerung und ihrer Familien ausgehen. Dies ist deshalb bemerkenswert und wichtig festzuhalten, weil dies zur Integration der jüdischen Mitbewohner in der Gemeinde von Ebersheim beigetragen hat. Personelle Kontinuität und Stabilität der verwandtschaftlichen Beziehungen zusammen mit erfolgreicher beruflicher Tätigkeit als Weinhändler, Viehhändler, Metzger o. Ä. schaffen Vertrauen in der Nachbarschaft und in der Gemeinde und sind Voraussetzung für ein erfolgreiches Zusammenleben. Die Juden in Ebersheim wollten eben nicht in einem eigenen Wohnviertel leben, sondern sie hatten verstreut über die verschiedenen Straßen des Ortes ihr Eigentum erworben, ihr Gewerbe ausgeübt und die Beziehungen zu den Nachbarn gepflegt. Die Zeit des Gettos in der Judengasse in Mainz und in anderen Städten war überwunden, das Zusammenleben mit der christlichen Bevölkerung in nachbarschaftlicher Weise schien zu gelingen, auch wenn es in der ganzen Zeit keine Heirat eines Ebersheimer Juden, einer Jüdin mit einem Christen, einer Christin gegeben haben dürfte.

Betrachtet man die Anfänge der jüdischen Gemeinschaft von 1830 (Anstellung eines Lehrers) bis 1840 (Kauf einer Synagoge) und der entsprechenden Ausstattung dieser Synagoge, so wird man unterstellen können, dass die religiöse Gemeinschaft nicht reich, aber finanzkräftig war. In allen Unterlagen erscheint diese Gemeinde als der Partner für die staatlichen Behörden, der in der Lage ist, die Angelegenheiten der Gemeinde selbst zu regeln und eine Entwicklung in Gang zu setzen, die die jüdische Gemeinde in den folgenden Jahrzehnten zu einer wohlhabenden Gemeinde werden lässt.

Bemerkenswert bei der förmlichen Gemeindebildung durch den Staat und durch die tätigen jüdischen Gemeindemitglieder ist, dass weder seitens der Kreisbehörde noch seitens der Gemeinde die Beteiligung des Mainzer Rabbiners sichtbar wird. Dies ist wohl auch ein Kennzeichen der jüdischen Religionsgemeinschaften generell, dass sie aus eigener Kraft in der Lage sind, ihre Angelegenheiten zu regeln, nicht nur die finanziellen, sondern auch die religiösen, möglicherweise aber auch ein Kennzeichen der Diaspora, der Zerstreuung der Juden.

Welche Aufgaben hatte eine Gemeinde wahrzunehmen?

Zunächst und vor allem war es Aufgabe der Gemeinden und ihres Vorstandes, die Gottesdienste am Schabbat und an der Vielfalt der Feste über das Jahr zu gestalten:

Purim	(Rettungsfest, Freudenfest),
Pessach	(Auszug aus Ägypten),
Rosch Ha Schana	(Neujahr),
Jom Kippur	(Versöhnungstag),

Sukkot	(Laubhüttenfest),
Chanukkah	(Wiedereinweihung des Jerusalemer Tempels 165 v. Chr.).

Weiter oblag ihnen die religiöse Erziehung der Kinder, besonders der Knaben, die durch die Aufgaben des Familienoberhauptes und des angestellten Lehrers sichtbar werden. Der Mochel war für die Beschneidung der Knaben am achten Tag zuständig. Ob er die Aufgaben des Vorsängers im Gottesdienst, die Waschung der Toten, soweit das die Familie nicht besorgte, und das Begräbnis vornahm, ist nicht bekannt. Weiter musste die Sorge für die Gebäude der Gemeinde (Synagoge, Lehrerwohnung) getragen werden sowie für den Friedhof, außerdem die Verantwortung für die Einrichtungsgegenstände der Synagoge, besonders für die Thora-Rollen.

Schließlich hatte der Vorstand die Gesamtverantwortung für die Finanzierung dieser Aufgaben. Sie erfolgte durch Spenden und durch die nach den staatlichen Bestimmungen vorgesehene Umlagenfinanzierung. Dies geschah in einem jährlichen, manchmal zwei- oder dreijährigen Haushalt. Auf dessen Einnahmeseite stand hauptsächlich die "genehmigte Umlage zur Bestreitung der Bedürfnisse der israelitischen Religionsgemeinde im Landbezirk des Kreises Mainz", die im Regierungsblatt jährlich veröffentlicht wurde.

Die ersten Umlagen im Kreis Mainz sind 1834 für Bretzenheim, Oppenheim und Niedersaulheim nachgewiesen. 1836 erhoben auch Essenheim (für den Vorsänger) und Guntersblum (Bau einer Schule und eines Frauenbades) 182 beziehungsweise 350 Gulden zweckgebundene Umlage bei ihren Gemeindemitgliedern. 1837 kamen Bretzenheim, 1839 Dalheim und Hahnheim dazu, 1841 Sörgenloch mit Nieder-Olm. Ebersheim mit Harxheim mit Nieder-Olm erhielt 1843 die erste im Regierungsblatt genehmigte Umlage von 60 Gulden für die allgemeinen Zwecke des laufenden Haushalts. Eine Zweckbindung, z. B. für den Kauf der Synagoge, gab es für Ebersheim nicht. Das Geld für den Kauf (s. o.) wurde durch Sammlungen, Spenden etc. aufgebracht. Für 1844 und 1845 werden in Ebersheim 120 Gulden erhoben, ebenso 1846 und 1847 je 120 Gulden, 1848 und 1849 je 80 Gulden, 1851/52/53 werden je 140 Gulden erhoben. 1860 bis 1862 steigt die Umlage auf je 160 Gulden, 1863 bis 1865 auf je 220 Gulden, 1866 bis 1871 je Jahr auf 270 Gulden, 1873 bis 74 je 280 Gulden.

1875 werden nach der Währungsumstellung 591 Mark festgesetzt. In den folgenden Jahren sinkt die Umlage von 560 Mark auf 430 und 478 Mark bis zum Ende des Jahrhunderts.

In der Gemeinderechnung wird die Umlage für die Ebersheimer und Harxheimer (so genannte Forensen) verzeichnet und vierteljährlich erhoben.

Es ist erkennbar, dass mit den steigenden Aufgaben der Gemeinden auch die Umlagen entwickelt werden und höher zu Buche schlagen. Ab 1862 kann ein gleichmäßigeres Aufkommen verzeichnet werden.

Nieder-Olm hat sich ab 1854 zu einer eigenen Gemeinde entwickelt. Das bedeutet, dass die bisher Ebersheim und Sörgenloch zugehörigen Gemeindemitglieder nun eine eigene neue Synagogengemeinde bilden. Die Umlage erscheint für Nieder-Olm erstmals 1854 bis 1856 mit einer Gesamtumlage von 342 Gulden für drei Jahre.

Bisher wurde die israelitische Gemeinde aus der formalen Sicht der Gemeindewerdung und der beginnenden Aufgabenwahrnehmung beschrieben. Zweifellos waren der Kauf und die Ausstattung der Synagoge ein Höhepunkt der Entwicklung. Im folgenden Abschnitt soll nun die israelitische Gemeinde als religiöse Gemeinschaft betrachtet werden.

"Schema Israel. Höre Israel, der Ewige ist unser Gott, der Ewige ist Einer."

Dieser Satz aus dem Fünften Buch Moses (Deuteronomion 6,4) ist das konzentrierte Glaubensbekenntnis, das den Juden sein Leben lang begleitet. Er hört ihn bei seiner Beschneidung; es ist der erste Satz, den das Kind auf Hebräisch lernt, sobald es sprechen kann. Der Knabe bekennt ihn bei seiner Bar-Mizwa. Und es war der Ruf der Juden, die in den Pogromen des Mittelalters und der Neuzeit als Märtyrer starben. Der Ruf wird beim Ausheben der Thora aus dem Schrein und an anderen zentralen Stellen der Liturgie gesprochen. Er ist "letzter Ausdruck des Glaubens in der Todesstunde".[16] Das Schema Israel besteht aus drei Abschnitten der Thora (Deut. 6,4 bis 9; 11, 13 bis 21 und Numeri 15, 37 bis 41) und enthält die ethischen Grundforderungen des Judentums.

In jeder Synagoge muss mindestens eine Thora vorhanden sein. Beim Gottesdienst wird sie aus dem Aron, dem Schrein, herausgeholt, in dem sie stehend, auf zwei Stäbe gerollt, aufbewahrt wird. Der Vorbeter oder - falls anwesend - der Rabbiner trägt sie auf das Bimah (oder Almemor), das etwa in der Mitte des Synagogenraumes steht. Von dort werden die Texte verlesen oder gesungen. Die Thora soll möglichst wenig mit der Hand berührt werden. An dem linken Stab befindet sich der Thorazeiger aus Edelmetall oder aus Elfenbein, der Jad, der beim Lesen zu Hilfe genommen wird, damit die Hand nicht die Schrift berührt. Die Thora ist in der Regel auf Pergament handgeschrieben. Bilder sind verboten, da der Name Gottes nicht mit Abbildern zusammengebracht werden darf. Ein Mantel umhüllt die Thora bei der Aufbewahrung. Dieser ist reich verziert, ebenso wie die Thorawimpel und gegebenenfalls der Thoraschild, der oft mit dem Löwen von Juda versehen ist. Über die beiden Stäbe wird bei der Aufbewahrung eine sogenannte Thorakrone gestülpt. Ist eine Thora durch Alter, Schändung o. Ä. unbrauchbar geworden, so wird sie wie ein menschliches Wesen auf dem Friedhof beigesetzt oder aber unter dem Dach der Synagoge bis zu einem späteren Zeitpunkt aufbewahrt.

Das Judentum kennt keine Priester mehr. Die Nachkommen Aarons, die Tempelpriester, gab es nur im Tempel zu Jerusalem bis zu dessen Zerstörung durch die Römer im Jahre 71 n. Chr. Auch die Anwesenheit eines Rabbiners ist zur Abhaltung eines Gottesdienstes keineswegs erforderlich. Er ist zwar auch zur religiösen Leitung der Gemeinde und zum Gottesdienst bestimmt, und im modernen Judentum gibt es eine geregelte Rabbiner-Ausbildung und auch die Anwesenheit von Rabbinern in größeren Gemeinden. Die Abhaltung des Gottesdienstes ist aber in Fällen wie bei unserer Ebersheimer Gemeinde Aufgabe des Vorstandes und der männlichen Juden. Um einen Gottesdienst abhalten zu können, ist der so genannte Minjan, die Gemeinschaft von zehn erwachsenen Männern, erforderlich. Der Junge, der die Bar-Mitzwa (wörtlich: Sohn der Pflicht) gefeiert hat, ist ähnlich wie bei der Konfirmation religiös erwachsen und zur Einhaltung der

Gesetze verpflichtet. Er zählt mit zu der Gemeinschaft der zehn Männer, die einen Gottesdienst abhalten können.

Die Gottesdienste fanden oft in privaten Betstuben statt, in dem sich der Minjan zusammenfand, im so genannten "Stibl". Die Synagoge (Versammlungsraum, Bet Knesseth) wird in Mitteleuropa auch "Schul, Schule" genannt, der jiddische Ausdruck, der bis weit nach Osteuropa getragen wurde. Für die Gottesdienste brauchen die Juden also keine Priester wie die Christen zum Messopfer, und die Synagoge ist kein geheiligter Raum wie eine Kirche. Geheiligt ist die Thora durch den Text und die Erwähnung des Ewigen (Schema Israel), und zum Zeichen der Heiligung brennt vor dem Thoraschrein ein ewiges Licht. Im orthodoxen Judentum galt und gilt die strikte Trennung von Männern und Frauen (Frauenschule). Wo Platz für eine Empore ist, wie dies zum Beispiel in der Weisenauer Synagoge der Fall ist, können die Frauen von dort dem Gottesdienst folgen. Sonst gibt es einen durch dichte Gitter abgetrennten Teil für die Frauen. Salomon Korn fasst den Charakter der Synagoge in dem grundlegenden Werk "... und dies ist die Pforte des Himmels" (Synagogen in Rheinland-Pfalz-Saarland, Mainz 2005) in seiner Einführung wie folgt zusammen: Die Synagoge ist "Haus der Versammlung (Bet Ha-Knesset), Haus des Lernens (Bet Ha Midrasch) und Haus des Betens (Bet Ha Tefila) ... Alle Beter sind Laienpriester ... und (stehen) damit ohne vermittelnde Instanz direkt zu Gott. So ist die Synagoge in erster Linie nicht ein Haus Gottes, sondern ein Haus der Menschen in Anwesenheit Gottes" (S. 15).

Bis heute kann man gelegentlich die Meinung hören, es habe in Ebersheim gar keine Synagoge im eigentlichen Sinne gegeben. Dieser bescheidene Bau sei vielmehr ein Bethaus gewesen ohne den Rang einer Synagoge. Es mag sein, dass die von den Juden selbst auch in Ebersheim genutzte Bezeichnung "Schule" zu diesem Missverständnis Anlass gegeben hat. Diese Bezeichnung wird auch von der israelitischen Gemeinde selbst in amtlichen Dokumenten benutzt. Entscheidend für den Rang als Synagoge ist das Vorhandensein der Thora, die durch die Erwähnung des Ewigen (s. o.) jeden Raum zu einem geheiligter Raum macht. Und in Ebersheim hatte die israelitische Gemeinde 1938 drei Thoren.

Abschließend sei zu diesem Prozess der Gemeindebildung in Ebersheim ab 1830 noch angemerkt, dass die Ordnung der religiösen und wirtschaftlichen Verhältnisse, aber auch der Ausbau der Synagoge und der Lehrerwohnung in diesen Jahren die personellen und die finanziellen Kräfte der Gemeinde stark beansprucht haben dürften. Es muss daran erinnert werden, dass dieser Prozess überall dort, wo es im Großherzogtum Hessen Juden gab, in diesen Jahrzehnten stattfand. Das Schreiben an die Kreise und Städte von 1841 forderte alle Verwaltungen auf, die Gemeindebildung der Israeliten als Prozess von oben herab anzustoßen und zu begleiten. Die obrigkeitsstaatlichen Eingriffe, Hinweise und Genehmigungen im Sinne der Gemeindebildung sind überall sichtbar. Es war das Ziel des aufgeklärt-liberalen Großherzogs und seiner Regierung, bei allen Konfessionen und vor allem bei den Juden für fortschrittliche religiöse Strukturen zu sorgen und die Voraussetzungen für eine zeitgemäße Bildung der Jugend zu schaffen. So ist es auch zu verstehen, dass 1858 erneut ein obrigkeitlicher Eingriff in Ebersheim erkennbar wird.[17] In einem Schreiben an den Ebersheimer Bürgermeister wird festgestellt, dass vom Ministerium eine Revision der Synagogenordnungen eingeleitet wird, die "zur Aufrechterhaltung von Ruhe und Ordnung in den Gottesdiensten nötig ist". Worum es im Einzelnen geht, ist nicht zu erkennen, da die Anlagen nicht erhalten sind. Das Schreiben zeigt jedoch, dass die Regierung und ihre Verwaltung die inneren Verhältnisse in den Gemeinden sorgfältig beobachteten und gegebenenfalls sofort Maßnahmen ergriffen.

III. Die Blütezeit der israelitischen Gemeinde Ebersheim - Harxheim nach 1871 und ihr Niedergang nach 1900

Der Zufall der Überlieferung hat es ermöglicht, gerade diesen Zeitraum von 1878 - 1890 näher betrachten zu können, da drei Rechnungsbücher der Gemeinde im Original beziehungsweise in Fotokopie erhalten sind.

In den Rechnungsbüchern sind die Haushaltspläne der Gemeinde ebenso enthalten wie die Umlage, die unter den Gemeindemitgliedern zur Bestreitung der Ausgaben erhoben worden ist. Die Bücher erlauben auch Rückschlüsse auf die Einkommensverhältnisse der Umlagepflichtigen. Die Ausstattung der Gemeinde mit Immobilien und Mobilien sind in den Büchern ebenso enthalten wie die Wertangaben zu den einzelnen Gegenständen. Wir erhalten die Namen der Kinder, die den Religionsunterricht in der Synagoge besuchten, und natürlich die Einnahmen und Ausgaben der Gemeinden.[1]

Die Rechnungsbücher bieten eine Fülle von Material, das in diesem Zusammenhang nur schwerpunktmäßig ausgewertet werden kann und das in vielfältiger Weise noch ausgewertet werden müsste.

Die israelitische Gemeinde war seit ihrem formalen Bestehen 1842 verpflichtet, einen Haushaltsplan aufzustellen, wahlweise für ein Jahr als Doppelhaushalt und später für drei Jahre. Die jetzt in den Blickpunkt tretende Zeit umfasst drei Dreijahreshaushalte, nämlich 1878 bis 1880, dann 1881 bis 1883 und schließlich 1890 bis 1892. In jedem der Dreijahreshaushaltspläne ist das Ergebnis der vorherigen Jahre aufgeführt.

Die Gemeinde war verpflichtet, einen Rechner anzustellen und zu bezahlen. Bis zu seinem Tod am 9. Juli 1881 war Johann Sieben vorgeschlagen und von der Aufsichtsbehörde in Mainz zum Rechner bestellt worden. Gleichzeitig war er Gemeinderechner der zivilen Gemeinde Ebersheim, eine durchaus sinnvolle Doppelaufgabe. Nach seinem Tod wurde sein Sohn Friedrich Sieben auf Vorschlag der israelitischen Gemeinde ernannt.[2]

Die Vorstände der israelitischen Gemeinde, die von den wahlberechtigten Männern bestellt wurden, umfassten jeweils den ersten und zweiten Vorsitzenden aus Ebersheim und den dritten Vorstand, der in aller Regel aus Harxheim gestellt wurde.

1878/80 finden wir
    Heinrich Goldschmitt, 1. Vorsitzender,
    Leopold Simon, 2. Vorsitzender,
    David Mayer II., 3. Vorsitzender aus Harxheim.

1881/83 besteht der Vorstand aus
    Josef Bernay I. (1. Vorsitzender),
    Ludwig Simon,
    Joseph Simon. Dieser scheint nicht aus Harxheim zu stammen, denn in der Steuerliste zu Harxheim ist kein Simon unter den umlagepflichtigen Israeliten zu finden.

1890/92 besteht der Vorstand aus
    Ludwig Simon (1. Vorsitzender),
    Leopold Simon II.,
    Jacob Mayer III. aus Harxheim.

In den Anlagen des Rechnungsbuchs 1890 bis 1892 finden sich Belege, die erst nach dem Haushaltsjahr ausgestellt, aber dort abgeheftet sind und die bis 1895 reichen. Da die Unterschrift von zwei oder drei Vorständen notwendig war, finden sich für 1893 Ludwig Simon und Joseph Goldschmitt als Zeichnungsberechtigte. 1895 (27. März) finden wir Ludwig Simon, Joseph Goldschmitt und Gottschalk Mayer (Harxheim).

Die Bücher verzeichnen auch die Namen der israelitischen Kinder, die den Religionsunterricht in der Synagoge besuchten. Die Religionslehrer wechselten manchmal jährlich, und es sind nicht immer die Verträge beziehungsweise die Entgeltquittungen erhalten. Für das Jahr 1892/93 hat der Lehrer Mayer-Reiß aus Bodenheim für "erteilten Religions-Unterricht"

1892 (Mai, Juni, Juli, August, September) = 62 Stunden 105,40 Mark erhalten, pro Stunde 1,70 Mark.

Es fällt auf, dass die Lehrer nicht selten aus Russland oder dem östlichen Preußen/Posen kamen. Die Lehrer wohnten in der hinter der Synagoge liegenden getrennten kleinen Wohnung. Ob hier ein Brunnen geschlagen war, oder ob das Wasser in einem Behältnis vorgehalten wurde, ist nicht bekannt.

Folgende Schüler besuchten den Religionsunterricht in der Synagoge:

1878: Eva, Jakob und Bernhard Bernay (Vater Josef Bernay I.),
Leopold, Lazarus und Simon Goldschmitt (Vater Heinrich Goldschmitt),
Bernhard Goldschmitt (Vater Jakob Goldschmitt),
Markus Mayer (Vater Samuel Mayer aus Harxheim).

1880 besuchten sieben Kinder den Religionsunterricht.

1881 bis 1883 besuchten neun Kinder den Religionsunterricht:

Eva (Vater Josef Bernay I.),
Bernhard (Vater Josef Bernay II.),
Lazarus, Simon, Julius Goldschmitt (Vater Heinrich Goldschmitt),
Bernhard Goldschmitt (Vater Jakob Goldschmitt),
Mathilde, Flora Simon (Vater Ludwig Simon).

1890 - 1891 - 1892

1890 besuchten aus Ebersheim neun Kinder den Religionsunterricht, aus Harxheim drei Kinder.

1891 besuchten dreizehn Kinder den Religionsunterricht, aus Ebersheim zehn, aus Harxheim drei Kinder.

1892 besuchten neun Kinder den Religionsunterricht, aus Ebersheim sechs Kinder und aus Harxheim drei.

Die Finanzierung der Gemeinde

Ob die Juden und ihre Gemeinden Körperschaften des öffentlichen Rechts waren, ist zweifelhaft, zumindest umstritten. Bei der Umlage, die die Gemeinde erhob, handelte es sich um eine Ausübung des öffentlichen Rechts im Auftrage des Staates. Weder war es in das Belieben der Gemeinde gestellt, ob sie eine Umlage erhebt oder nicht, noch konnte das einzelne Gemeindemitglied sich der Pflicht, eine Umlage zu zahlen, entziehen.

Wie oben bei der Gründung der Gemeinde 1843 dargelegt wurde, sah das hessisch-darmstädtische Rechnungswesen vor, dass die israelitische Gemeinde pro Jahr ein "Communalsteuer Kapital" und davon einen Anteil auf die steuerpflichtigen Gemeindemitglieder umlegen und zu vier Terminen (so genannte Zahlungsziele) erheben konnte beziehungsweise musste. Die Höhe der Gesamtumlage der Gemeinde wurde vom Vorstand bei der Aufstellung des Haushaltsplanes festgelegt, von der Kreisverwaltung als Aufsichtsbehörde genehmigt, festgesetzt und sodann im Regierungsblatt unter dem Stichwort "Israelitische Gemeinden" für alle Gemeinden Rheinhessens veröffentlicht. Die Regierung legte einen Divisor fest, durch den das Steuerkapital geteilt wurde, woraus sich dann die vierteljährliche Umlage ergab.

In den Rechnungsbüchern sind alle Steuerpflichtigen in einer Liste aufgeführt, ihr "Communalsteuer Kapital" der Höhe nach ebenso verzeichnet wie die daraus abgeleitete Umlage. Die Verzeichnisse geben somit auch die Steuerkraft der Steuerpflichtigen wieder und erlauben einen Einblick in die soziale und finanzielle Lage der Gemeindemitglieder.

Die Umlage des Jahres 1883 betrug 560 Mark für die gesamte Gemeinde. Sie musste diese in vier "Zielen" zu je 140 Mark aufbringen.[3] Das Steuerkapital betrug 1883 für den größten Steuerzahler 677 4/10 Mark, das ergab einen Umlage-Anteil von 54,79 Mark zu einem Ziel. Der niedrigste Satz eines Steuerzahlers betrug 73 Pfennig bei einem Steuerkapital von 9 Mark. Die Einkommens- und Steuerspreizung in der Gemeinde war also sehr groß. Bildet man für die vierzehn (manchmal fünfzehn) Ebersheimer Umlagepflichtigen - und für die in der Regel fünf, seltener sechs oder acht

Harxheimer Umlagepflichtigen - Einkommensgruppen und Umlagegruppen, so wird die Schichtung deutlich. Eine Umlage von über 30 Mark hatte nur eine Person zu zahlen, eine Umlage von über 10 Mark zwei Personen, eine Umlage von 5 bis 10 Mark drei Personen und weniger als 5 Mark zahlten dreizehn Personen. Die unterste Gruppe beinhaltete sieben Personen, die weniger als 3 Mark Umlage zu zahlen hatten.

Deutlicher erscheint die Diskrepanz, wenn man das Steuerkapital der verschiedenen Umlagepflichtigen vergleicht.

Der größte Steuerzahler, der Händler Joseph Bernay, war 1883 mit einem Steuerkapital von 677 Mark mit Abstand der Wohlhabendste. Es folgten drei Ebersheimer Juden mit einem Steuerkapital zwischen 100 und 200 Mark, drei weitere Ebersheimer mit einem Steuerkapital zwischen 50 und 100 Mark.

Zu diesen sind die zwei einkommensstärksten Harxheimer Gemeindemitglieder zu rechnen.
Die unterste Klasse (unter 50 Mark Steuerkapital) bildete mit sieben Ebersheimern und drei Harxheimern die Mehrheit der neunzehn zur Umlage veranlagten Gemeindemitglieder.
Die Umlage dieses Quartals in Höhe von 140 Mark wurde also zur Hälfte (70 Mark) von den beiden potentesten Steuerzahlern aufgebracht. Die fünf stärksten Steuerzahler brachten 91 von 140 Mark Umlage auf. Der Rest von vierzehn Umlagezahlern brachte weniger als 50 Mark auf.

Fazit:
Es wird deutlich, dass die Mehrzahl der Juden in Ebersheim in sehr bescheidenen, wenn nicht ärmlichen Verhältnissen lebte. Nur wenige waren wohlhabend, beziehungsweise reich. Wenigen einzelnen reichen Juden stehen der Mehrzahl der bescheiden bzw. arm lebenden Glaubensgenossen gegenüber.

Unter den umlageverpflichteten Gemeindemitgliedern sind die Namen aufgeführt, die seit der Gründung der Gemeinde bekannt sind und die auch bis zum Untergang der Gemeinde 1938 noch in Ebersheim und Harxheim zu finden sind. In manchen der Umlage-Listen sind auch die Berufe der Gemeindemitglieder aufgeführt.

Umlage 1880 (13 Ebersheimer, 8 Harxheimer):
Ebersheim:
Bernay, Joseph, Bretterhändler,
Bernay, Joseph, Viehhändler,
Goldschmitt, Heinrich, Viehhändler,
Goldschmitt, Jacob, Metzger,
Löw, Josef - ohne Berufsangabe -,
Mayer, Samuel, Viehhändler,
Simon, Georg II., Mäkler,
Simon, Heinrich, Mäkler,
Simon, Joseph, Sohn von Leopold II. - ohne Berufsangabe,
Simon, Leopold, Metzger,
Simon, Leopold II., Mäkler,
Simon, Ludwig, Samenhändler,
Simon, Michael, Krämer.

Harxheim:
Mayer, David II., Metzger,
Mayer, Emanuel - ohne Berufsangabe,
Mayer, Gottschalk, Seifenkrämer/Kurzwarenkrämer,
Mayer, Jacob 2., Seifenkrämer,
Mayer, Jacob 3., Mäkler,
Mayer, Josef, Seifenhändler,
Mayer, Michael - ohne Berufsangabe,
Mayer, Salomon, Viehhändler.

Über die Jahre 1878 bis 1892 sind Namen und Anzahl annähernd gleich geblieben. Es mag ein Mitglied durch Tod ausgeschieden sein oder wie der Lehrer Serenski Selig (1892) durch Zuzug hinzugekommen sein. Die Gesamtzahl der Umlagepflichtigen von 1878 bis 1892 blieb mit mindestens neunzehn und höchstens einundzwanzig jedoch stabil.

Wofür wurde das Geld benötigt, welche Ausgaben sind verzeichnet?

Die Beträge sind für jeweils drei Jahre gedacht. Gemeinde- und Provinzialsteuern sind gering, ebenfalls die Brandversicherung. Das Gehalt des Rechners ist mit 161,80 Mark ein größerer Posten. Religionslehrer und Vorsänger sind allerdings mit jeweils 735 Mark die höchsten Ausgabepositionen.

Für das Anzünden der Lichter (durch eine Christin am Schabbat) sind 48 Mark eingeplant. Für Talglichter, Wachs- und Meeräpfel 60 Mark, für Bauunterhalt 70 Mark, für gottesdienstliche Feste 65,90 Mark, insgesamt 1.900 Mark für drei Jahre.

Über welches Vermögen verfügte die Gemeinde?

Die Rechnungsbücher der Gemeinde verzeichnen sowohl die Immobilien wie auch die Mobilien.[4] Wegen der Bedeutung und Einzigartigkeit seien die Listen der Mobilien und Immobilien in der Aufstellung vom 5. August 1880 vollständig abgedruckt:

"Mobilien:

Ordn. Nr.	Anzahl	Beschreibung der Gegenstände	Mark	Pfennig
1	1	neue Thora, veranschlagt zu	205	71
2	1	alte Thora, veranschlagt zu	68	57
3	4	Schabbat-Bücher zum Vorbeten	5	14
4	2	Verordnungen über die Bildung der israelitischen Vorstände, das eine für den Vorstand, das andere für den Rechner		86
5	1	Ein Widderhorn	8	57
6	1	Todtentuch	5	14
7	1	Todtenbahre	13	70
8	11	große Stühle in der Männerschule à Mark 8-57 Pf	94	27
9	1	Stuhl für den Vorsänger	5	14
10	2	Stühle in der Frauenschule à Mark 8-57 Pf	17	14
11	2	gläserne Kronleuchter à Mark 6	12	00
12	1	tannener Tisch für den Lehrer	3	00
13	3	tannene Stühle für den Lehrer à Mark 1-71 Pf	5	13
14	1	Bettstelle für denselben	8	57
15	1	vollständiges Bett (Deckbett mit 2 Überzügen ... Plümo?), Unterbett und Strohsack für den Lehrer	85	71
16	3	tannene Bänke für denselben à Mark 00-57 Pf	1	71
17	3	tannene Schränke in der Schulstube à Mark 1-14 Pf	3	42
18	1	tannener Tisch daselbst	6	68
19	1	Ofen allda	8	57
		Summe der Mobilien	**559**	**21**

Immobilien:

Ordn. Nr.	Anzahl	Beschreibung der Gegenstände	Mark	Pfennig
20	1	Hofraithe im Ort, bezeichnet mit Flur I Nr. 294 enthaltend 35 Klafter	120	00
21		darauf ist erbaut die Synagoge samt Lehrerwohnung	1.885	72
22		Grabgarten dabei, bezeichnet mit Flur I Nr. 295 enthaltend 24,5 Klafter	68	57
23		Friedhof an der Sörgenlocher Hohl, bezeichnet mit Flur I Nr. 474,5 enthaltend 35 Klafter	105	00
		Summe der Immobilien =	**2.179**	**29**

<u>Wiederholung</u>

Betrag der Mobilien: 559,21   Mark,
Betrag der Immobilien: 2.179,29   Mark,
Gesamtvermögen: 2.738,50   Mark.

Aufgestellt: Ebersheim, den 5. August 1880
der israelitische Vorstand"

Anmerkung zu den Immobilien:
Die Immobilien wurden, wie dies in der damaligen Zeit üblich war, in Klafter (1 Klafter = 6,25 m²) aufgeführt. Die Größe des Synagogen-Grundstücks beträgt also 218,75 m², der dabei liegende Grabgarten enthält 153,125 m², der Friedhof ist 218,75 m² groß. Er wurde später erweitert.

Die Immobilien (Synagogen-Grundstück und Grabgarten, Friedhof) bleiben bis zum Ende der israelitischen Gemeinde 1938 in Bezeichnung und Größe und Wertangaben unverändert. Das letzte erhaltene "Inventarium" wurde im März 1935 aufgestellt.[5] In diesem Inventarium bleiben Synagogen-Grundstück und Grabgarten in Bezeichnung und Größe sowie in der Wertangabe in Mark unverändert. Neu ist die Vermessung und Größe des Friedhofs, der zu einem unbekannten Zeitpunkt nach 1893 und vor 1935 durch Ankauf einer Teilparzelle vergrößert worden ist. Das Datum ist nicht feststellbar. Die Bezeichnung lautet nunmehr 1935: "Nr. 24: "Friedhof an der Sörgenlocher Hohl, bezeichnet mit Flur I Nr. 473, eine Teilparzelle von 289 m², so dass der ganze Friedhof 508 m² wird und bezeichnet bleibt laut Messbrief mit der bestehenden Nr. 474/1". Als Wert sind 305 Mark angegeben.

Die Bezeichnung "Grabgarten" bei der Synagoge hat zu einer merkwürdigen Verwirrung geführt. Friedrich Eckert hat dies als "Begräbnisplatz" gedeutet und das gleich doppelt, da die Katasterverwaltung Mainz die Flurstücke offenbar nach dem Zweiten Weltkrieg in nicht nachvollziehbarer Weise aufgeteilt hatte (394/1 und 395/1).[6]

Wie es dazu gekommen ist, konnte der Verfasser nicht aufklären. Eindeutig ist, dass es sich bei dem im Inventarverzeichnis der Gemeinde genannten Grabgarten um einen Hausgarten handelte, der nicht gepflügt, sondern umgegraben wurde. Das Grundstück wurde im Übrigen, wie aus den Rechnungsbüchern hervorgeht, als Garten verpachtet, zum Beispiel als Gegenleistung für das Fegen des Synagogen-Vorplatzes. Das Grundstück vor den Eingängen der Synagoge war nicht bepflanzt. Juden wären niemals auf die Idee gekommen, an einer Synagoge einen Friedhof anzulegen. Befürchtungen späterer Nutzer, man würde beim Ausschachten der Fundamente Gebeine finden und damit einen Grund dafür liefern, den Bau einzustellen, beruhen auf dem o. g. Irrglauben und haben sich naturgemäß nicht bestätigt.

Die Einrichtungsgegenstände der Synagoge und der Lehrerwohnung (sog. Mobilien)

Die wichtigsten beweglichen Wertgegenstände, die die Gemeinde im Inneren der Synagoge aufbewahrte, sind die beiden Thoren (Nr. 1 und 2); eine neue Thora, veranschlagt zu 205,71 Mark, und eine alte Thora, veranschlagt zu 68,57 Mark.

Wir finden keinen Hinweis auf Thora-Mäntel, Thora-Kronen oder Thora-Schilde. Sie sind möglicherweise in den Namen Thora inbegriffen. Um den angegebenen Wert einschätzen zu können, soll ein Vergleich mit den Immobilien angestellt werden. Der Wert der 35 Klafter Hofraithe, auf der die Synagoge erbaut ist (218 m²), wird mit 120 Mark angegeben; beide Thoren zusammen sind 294 Mark wert.

Die alte Thora dürfte aus den Anfängen der Synagoge im Jahre 1840 ff. stammen und war wohl von bescheidener Ausführung. Das hat die Gemeinde veranlasst, zu einem unbekannten späteren Zeitpunkt - jedoch vor 1878 - die neue Thora für 205,71 Mark anzuschaffen, möglicherweise auch aus einer Spende, denn für die reichen Juden der Gemeinde dürfte es eine Ehrensache gewesen sein, für die angemessene Ausstattung der Synagoge zu sorgen. Man muss sich klar machen, dass eine Synagoge erst durch die Anwesenheit einer oder mehrerer Thoren zu dem Kultraum wird, den die Gemeinde für ihren Gottesdienst braucht. Ohne eine Thora kann kein Gottesdienst stattfinden. Die Thora ist sozusagen das identitätsstiftende und für den Kult notwendige Gerät. Die Thora ist heilig.

Mit zwei Thoren war es der Gemeinde in Ebersheim -Harxheim jedoch noch nicht genug. Im Inventarverzeichnis von 1890/92[7] finden wir dann die Bemerkung "eine neue Thora, veranschlagt zu 450,00 Mark". Die ehemals "neue Thora" ist im Inventarverzeichnis abgestuft als "zweite Thora". Die Gemeinde verfügt jetzt über drei Thoren, die zusammen einen Wert von 723 Mark darstellen. Nun wäre es sicher verfehlt, den Wert der Thoren nur in Mark zu sehen. Das geheiligte Gottesdienstgerät, ohne das es keinen jüdischen Gottesdienst geben kann, ist nicht in Mark zu schätzen, aber die ordentliche Rechnungslegung unter der großherzoglichen Aufsicht, vielleicht auch der Stolz der Gemeinde, verlangt dies. Nun ist eine Thora auf der anderen Seite ihr Geld wert. Dies beweist folgender Umstand:

Der Vorsteher der israelitischen Gemeinde Ludwig Simon hatte unter dem 14. Januar 1886 in der Zeitschrift "Der Israelit" eine Anzeige (Nr. 253) aufgegeben (Internet, Alemannia Judaica). Sie erschien vier Tage später, am 18. Januar 1886:

> *"Da die hiesige Gemeinde beabsichtigt, ein neues* (hebräische Buchstaben, unleserlich) *schreiben zu lassen, so ersuche ich die Herren Thora-Schreiber, welche bereit sind, ein solches gut und mit*

schöner Schrift zu liefern, ihre Meldung mit Kostenanschlag baldigst an den unterzeichneten Vorstand einschicken zu wollen.
Ebersheim bei Mainz, 14. Januar 1886.
Der Vorstand Ludwig Simon."

In den erhaltenen Rechnungsbüchern findet sich kein sonstiger Beleg über den Auftrag, die Lieferung oder gar die Bezahlung der neuen Thora. Da die Summe von 450 Mark fast so groß ist wie die staatlich gebotene Umlage für ein Jahr, liegt die Vermutung nahe, dass die Thora nicht aus dem regulären Haushalt finanziert worden ist, zumal keine Rücklagen gebildet waren. Es dürfte sich vielmehr um eine Stiftung eines oder mehrerer reicher Juden aus Ebersheim gehandelt haben.

Möglicherweise war dies:
Josef Bernay I. (Händler) hatte 1881/83 ein Normalsteuerkapital von 677 Mark, Ludwig Simon von 191 Mark bei Umlagen von 54 Mark beziehungsweise 15 Mark. Es ist durchaus möglich, dass J. Bernay ein Legat zugunsten der Thora erlassen hat. Belege darüber sind nicht vorhanden.
1889 ist Joseph Bernay I. noch im Umlageverzeichnis aufgeführt. 1890 fehlt er. Er dürfte verstorben sein und kommt daher als Stifter, evtl. testamentarisch, in Frage.

Noch das Verzeichnis von 1935 führt die "neue Thore", veranschlagt mit 450 Mark, und zwei ältere Thoren im Wert von 274,28 Mark auf. Die drei wichtigsten Schriftrollen der Synagoge waren also noch vorhanden, als die Synagoge 1938 in Brand gesteckt wurde. Sie sind offenbar mit ihr untergegangen.

Ebenso vernichtet wurde eine Schriftrolle, die 1935 als "Magilla" mit 30 Mark Wert (Nr. 20) verzeichnet ist.[8]

Eine Magilla oder Megille (d. h. Rolle) bezeichnet meistens das Buch Esther, zumal wenn keine weitere Erläuterung gegeben ist. Im Unterschied zu den Thora-Rollen darf die Megille angefasst werden, da in ihr der Name Gottes nicht vorkommt. Sie wird am Freudenfest Purim geschwenkt, denn der Inhalt des Buches Esther ist die Errettung der Juden und die Freude über die Befreiung von der Verfolgung durch Persien. Die Kinder freuen sich über die vorgelesene Geschichte, und wenn sie Rasseln mitgebracht haben, dürfen sie immer dann, wenn der böse Minister Hamann vorkommt, die Rasseln schwenken, um den Namen des Ministers zu übertönen. Auch diese Megille ist untergegangen.

Die anderen Gegenstände im Inventarverzeichnis deuten auf das Vorbeten am Schabbat hin sowie auf den Gebrauch im Gottesdienst.

Weiter wird ein Leichentuch vorgehalten für den Fall, dass ein armer Jude sein Leichentuch nicht selbst bezahlen konnte. Totentuch und Totenbahre sind Zeichen für die Aufgabe der Angehörigen und der Gemeindemitglieder, die Toten entsprechend dem rabbinischen Gesetz zu bestatten.

Ob es sich bei den zwei gläsernen Kronleuchtern um das "ewige" Licht handelt, das vor dem Thora-Schrein brennen muss, ist unklar. Ein anderes Licht ist ebenso wenig erwähnt wie ein Leuchter.

Für uns nicht so gegenwärtig ist die Erwähnung des Widderhorns, des Schofar, im jüdischen Kultus. Das Schofar wird am Neujahrsfest und am Jom Kippur, dem Versöhnungsfest, geblasen. Schofar-Blasen ist nicht nur eine Ehre, sondern auch eine Kunst, die entsprechend vergütet wird. Es findet sich in den Unterlagen ein Eintrag, dass ein Lehrer für das Schofar-Blasen einen Betrag von 7 Mark zusätzlich erhalten hat.

Die beiden Verzeichnisse der Immobilien und der Mobilien erwecken den Eindruck einer durchaus wohlhabenden Gemeinde, die auch zur damaligen Zeit in der Lage war, einer wachsenden jüdischen Bevölkerung im Gottesdienst Rechnung zu tragen.

Der Niedergang der Gemeinde bis 1938

Der Niedergang der Gemeinde zeichnet sich deutlich nach der Zäsur des Ersten Weltkrieges ab. Bis 1914 verblieb die Bevölkerungszahl der Juden auf dem seit 1860 erreichten hohen Niveau von 68 bis 52 Gemeindemitgliedern. In Harxheim scheint es bereits um 1900 zu einer deutlichen Abnahme der jüdischen Bevölkerung gekommen zu sein, auch wenn die genauen Zahlen fehlen.

Aus ganz Deutschland werden in der Literatur zwei Tendenzen berichtet: einmal die direkte Auswanderung in außereuropäische Länder, vor allem in die USA, zum anderen eine deutliche Abwanderung in die städtischen Zentren, z. B. nach Mainz und Frankfurt. Ob und in welchem Umfang das auch für Ebersheim zutrifft, kann durch einzelne Hinweise bei Friedrich Eckert (Juden in Mainz-Ebersheim) nachgelesen werden (vgl. auch Kap. VIII). Übertritte zum Christentum werden nicht verzeichnet.

Im Ersten Weltkrieg fielen die jüdischen Soldaten Berthold Kahn und Julius Goldschmitt (Eckert, S. 31) in Frankreich. Beider Namen waren auf den ersten Denkmaltafeln für die Gefallenen des Ersten Weltkriegs verzeichnet, die unmittelbar nach dem Krieg bei der Pietà in der katholischen Kirche angebracht worden waren. Diese Tafeln befinden sich heute noch im Turm der katholischen Kirche. Beider Namen sind auch als Einzeltafeln in das Kriegerdenkmal aufgenommen, das die Zivilgemeinde im Herbst des Jahres 1935 vor der Kirche errichten ließ.

Die wirtschaftliche Krise der Weimarer Republik Anfang der 1920er Jahre, das Aufkommen des Nationalsozialismus im Zusammenhang mit der Weltwirtschaftskrise Ende der 20er Jahre und der gleichzeitig grassierende Antisemitismus zeigten ihre Wirkung in Deutschland und sicher auch in Ebersheim. Die jüdische Gemeinde war 1925 auf weniger als die Hälfte ihrer Mitglieder geschrumpft. Der Nationalsozialismus erhielt auch in Rheinhessen riesigen Zulauf. Vor allem die agrarisch-protestantischen Milieus waren anfällig. Die traditionell das Zentrum wählenden katholischen Gemeinden verzeichneten ebenfalls Zuwächse der Nationalsozialisten, allerdings in geringerem Umfang.

Hatte die NSDAP 1928 bei den Reichstagswahlen in Ebersheim ganze zwei Stimmen erhalten, so stieg der Anteil im Jahre 1930 auf 73 Stimmen. Am 31. Juli 1932 war die NSDAP auch in Ebersheim bereits eine Massenpartei mit 222 Stimmen geworden. Die November-Wahlen 1932 brachten dann einen kleinen Einbruch für die Nazis mit 201 Stimmen.

Das Zentrum verlor demgegenüber kontinuierlich an Stimmen:

Von 1928 (502 Stimmen) sank es im Juli 1932 auf 414, im November 1932 auf 359 Stimmen. Bei den Reichstagswahlen am 5. März 1933, den letzten freien Wahlen nach der Machtergreifung Hitlers, blieb das Zentrum zwar noch die stärkste Partei - es erhielt 337 von 694 abgegebenen Stimmen (wahlberechtigt waren 768 Einwohner). Das entspricht 48,6 %. Die NSDAP erhielt 315 Stimmen (45,4 %). Die sonstigen Parteien blieben mit 6 % (42 Stimmen) bedeutungslos. Zum Vergleich seien Gemeinden angeführt, die eine ähnliche katholische Grundstruktur aufwiesen:

5. März 1933

	Zentrum	NSDAP
Gau-Bischofsheim	68 %	29,5 %
Zornheim	53 %	34 %
Sörgenloch	67,2 %	27,4 %
Klein-Winternheim	54,8 %	34,6 %
Nieder-Olm	46,5 %	28 %
Ebersheim	48,6 %	45,4 %

Alles deutet auf eine extreme Polarisierung zwischen Nationalsozialisten und den traditionell katholischen Zentrums-Wählern hin, der auch die übrigen Parteien (SPD, Landwirte) zum Opfer fielen.

In protestantischen Dörfern war die NSDAP überaus erfolgreich. In Stadecken erreichte sie fast 91 %, in Jugenheim fast 70 %. Auch in Harxheim und Essenheim lagen die Nazis weit über der absoluten Mehrheit.

Auch wenn die NSDAP in Ebersheim nicht die Mehrheit errungen hatte, der Wind hatte sich gedreht. Die Reichsgesetzgebung mit ihrem radikalen Antisemitismus auf allen Ebenen wirkte sich in allen Gemeinden aus. Auch in Ebersheim zeigten die Nazis, wer nun das Sagen hatte.

Der Bürgermeister Balthasar Becker, ein dem Zentrum nahe stehender unabhängiger Kopf, war 1933 noch einmal davon gekommen. Anders als sein Nieder-Olmer Kollege Jakob Sieben wurde er im Amt belassen. Am 28. September 1935 kam es aber dann zu einem deutlichen Schub von Neuberufungen in den Gemeinderat. Unter diesem Datum vermerkt das Gemeinderatsprotokoll:

"In der heutigen Sitzung des Gemeinderates wurden die aufgrund der Berufung durch den Beauftragten der NSDAP als Gemeinderäte bestimmten Partei- und Volksgenossen (es folgen sechs Namen) durch den Bürgermeister unter Berufung in das Beamtenverhältnis zu Gemeinderäten ernannt, verpflichtet und vereidigt mit Wirkung vom heutigen Tage." Das war der Ersatz der Gemeinderatswahlen, die nicht mehr stattfanden.
Es folgte dann die lapidare Bemerkung: "Der Portugieserherbst wurde auf Montag, den 30. September festgesetzt. Er endigt am Montag, 5. Oktober."
Gezeichnet Becker

Am 6. Juni 1936 wurde Karl Lorenz Becker zum 1. Beigeordneten verpflichtet, Johann Baptist Eckert II. zum 2. Beigeordneten.
Unterschrift Bürgermeister Becker
Dies war die letzte Unterschrift des Balthasar Becker in einem Gemeinderatsprotokoll vor seiner Abberufung. Sechs Tage später, am 12. Juni 1936, wurde der Bürgermeister Herdt in nicht öffentlicher Sitzung erkoren. Balthasar Becker hatte seine Schuldigkeit getan.
Vielleicht hat folgende Geschichte mit dazu beigetragen, das Fass zum Überlaufen zu bringen:
Bei der letzten in Ebersheim stattfindenden Beerdigung eines Juden 1936 waren etliche christliche Ebersheimer im Trauerzug anwesend. Die Nazis verlangten, dass deren Namen im Schaukasten der Gemeinde - sozusagen an den Pranger - ausgestellt werden sollten.
Bürgermeister Becker soll geantwortet haben: "Bei uns wird niemand in den Kasten gehängt." Kurze Zeit später war er aus dem Amt gedrängt. Er wurde dann 1945 durch die Alliierten wieder als Bürgermeisters berufen.

Die Diskriminierung und die Entrechtung der Juden griff auch in Ebersheim immer weiter um sich:

Im November 1933 kam es zur mehrwöchigen Einweisung des Ebersheimer Juden Otto Nathan in das KZ Osthofen zur "Umerziehung". Im Krieger-Denkmal wurde 1935 in die Kupferrolle unter anderem ein Exemplar der gerade beschlossenen Nürnberger Rassegesetze - Beilage einer Zeitung - mit eingelegt.

Das Schächten (betäubungsloses Schlachten) wurde 1933 verboten und entzog den jüdischen Metzgern die Existenzgrundlage.

Die Schulbehörde im Kreis musste die jüdischen Kinder melden im Sinne einer zeitnahen Erfassung aller Juden. In Ebersheim gab es im September 1935 noch eine jüdische Schülerin, Hilde Goldschmitt, im dritten Schuljahr. Der gesamte Kreis Mainz meldete noch drei jüdische Schülerinnen und drei jüdische Schüler.[9] Wie sich das Verhältnis der Ebersheimerinnen und Ebersheimer zu den jüdischen Mitbürgern gestaltete, wissen wir letztlich nicht. Die offiziell durch die NS-Ideologie geforderte und praktizierte Diskriminierung und Entrechtung der Juden war die eine Seite. Im Alltag des Zusammenlebens der Juden mit ihren christlichen Mitbewohnerinnen und Mitbewohnern im Dorf zeigte sich, wer noch bereit war, die Juden als Mitbürger zu akzeptieren.

Ein älterer Ebersheimer erzählte dem Verfasser die Geschichte vom Rinderbraten, den seine Familie traditionell beim jüdischen Metzger für den Sonntag bestellt hatte, und der, wie es Brauch war, ins Haus gebracht wurde, erst noch offen, dann aber schon heimlich durch die Gärten, die zwischen den Höfen lagen. Eine unerwartete Begegnung mit einem übel wollenden Anwohner: Mit einem kleinen Schulterstoß hatte er den Sonntagsbraten in den Schlamm befördert. Auch diese alltägliche Diskriminierung gehört zu den sonst zu hörenden Bemerkungen, was für ein gutes Verhältnis man mit den Juden doch letztlich gehabt habe, soweit kirchliche Bindungen vorhanden waren und keine NSDAP- oder SA-Mitgliedschaft gegeben war.

Auf dem Lande gab es nicht die spektakulären Widerstände, wohl aber den täglichen Kleinkrieg vor dem Hintergrund von Grundüberzeugungen. Drei Schüler wurden wegen einer Schlägerei mit HJ-Jugendlichen - es ging um Plakate der katholischen Jugend - angezeigt. Der Schulleiter musste der Frage nachgehen, ob die drei aus eigenem jugendlichem Antrieb gehandelt hatten, oder ob gar die Eltern dahinter steckten. Die Schulbehörde des Kreises beauftragte den Lehrer Schneider damit, den dreien einen scharfen Verweis zu erteilen, diesen aktenkundig zu machen und der Behörde zu berichten. Der Verweis befindet sich in den Gemeinderechnungsbüchern von 1936. Einer der drei Schüler war der letzte Bürgermeister der selbstständigen Gemeinde Ebersheim und nachmalige Ortsvorsteher Johann Ambros Becker (1964 Bürgermeister, 1969 - 1986 Ortsvorsteher des Stadtteils Mainz-Ebersheim).

Auch heute noch wird von älteren Ebersheimern über die zum Teil jugendlich-heftigen Auseinandersetzungen zwischen der Hitler-Jugend in Ebersheim und den sogenannten PX'lern, also der katholischen Jugend, vorwiegend Messdienern, berichtet. Die Auseinandersetzungen sollen sich meistens in der Dämmerung oder in der Dunkelheit abgespielt haben und dürften dem jeweiligen ideologischen Hintergrund des Elternhauses (nationalsozialistisch oder katholisch) entsprochen haben.

In dieser Endphase der jüdischen Gemeinde Ebersheim - Harxheim hielt der Vorsitzende Lazarus Goldschmitt die Stellung. Die Synagoge wurde instand gehalten, Reparaturen sind nachgewiesen, der Haushalt wurde nach den Vorschriften des Staates geführt. 1936 fand auf dem jüdischen Friedhof die letzte Beerdigung statt.

Wer auswandern konnte, hatte dies getan. Wenige Juden verblieben in Ebersheim, bis auch für sie am 8. November 1938 das schreckliche Ende kam. Sie ahnten vielleicht nicht, dass man für sie noch größere Schrecken und den grausamen Tod im KZ vorgesehen hatte.

IV. Die Synagoge von Ebersheim

Wenn der Ebersheimer Synagoge ein eigenes Kapitel gewidmet ist, dann nicht deshalb, weil wir besonders viel gesichertes Wissen über sie haben. Ein mangelhaftes Foto, eine Zeichnung aus dem Gedächtnis, mehr ist nicht vorhanden.

Wir wissen, auf welchem Grundstück sie stand und dass das Gebäude als "Hofraithe", wohl als Scheune um 1840 erbaut und 1842 von der israelitischen Gemeinde gekauft worden ist. 1842 war das Gebäude im Kataster eingezeichnet (Abb. 2) und 1845 war der Anbau für die Lehrerwohnung mit dem Abort-Anbau eingezeichnet (Abb. 3).

Das Verzeichnis der Immobilien der Gemeinde nennt Synagoge, Lehrerwohnung, Grabgarten immer vollständig und 1935 letztmalig. Die Gebäude waren nach dem Zeugnis älterer Ebersheimer - wie schon früher erwähnt - mit so genanntem Feldbrand (also am Ort gebrannten Ziegeln) errichtet.

Eine Reparaturrechnung vom 6. September 1935 (R. Hüsch, Dachdecker in Ebersheim) berechnet 200 Ziegel und 70 Schieferplatten, die er an der Synagoge angebracht hat. Vermutlich waren Ortgang und First des Daches mit Schiefer gedeckt, der Rest mit Ziegeln. Dies entspricht dem Eindruck, den man von der Fotografie der Mainzer Straße in Ebersheim gewinnen kann, auf der die Synagoge zu sehen ist. Diese Fotografie ist die einzige authentische Abbildung (Abb. 4). Außer der Wand und dem aufragenden Giebel ist allerdings kaum etwas wahrzunehmen.

Nun hat Fritz Eckert in den Jahren nach 1980 von seiner Nachbarin Gertrud Rausch, Lehrerin in Ebersheim, nach seinen Schilderungen aus der Erinnerung eine Zeichnung der Synagoge anfertigen lassen. Die Zeichnung erweckt einen detailgenauen Eindruck der Synagoge (Abb. 5). Meines Erachtens deutet die Kurzbeschreibung dieser Zeichnung, die in dem Standardwerk "Synagogen in Rheinland-Pfalz" (S. 258) enthalten ist, dieses Gebäude in zutreffender Weise:

"Nur eine später entstandene Zeichnung vermittelt den Eindruck eines eingeschossigen Gebäudes im Rundbogenstil. An der Zeichnung fällt auf, dass sich die Fassade in zwei Portalen öffnete - vermutlich getrennte Eingänge für Männer und Frauen. Daran schlossen sich ein Rundbogenfenster und eine Oberlichttür an, die wahrscheinlich zum Wohnhausbereich gehörte."[1]

In Gesprächen mit älteren Ebersheimern ist kein Einwand gegen das Gesamterscheinungsbild der Synagoge auf dieser Zeichnung oder gegen Einzelheiten vorgebracht worden, es sei denn, dass der Giebel etwas höher und steiler gewesen sei. Diesen Eindruck vermittelt auch die Fotografie. Aus den Unterlagen der Gemeinde ergeben sich keine Hinweise auf das Gebäude. Rechnungen über Reparaturen (s. o.) geben keinen Hinweis auf das Aussehen des Gebäudes. Erhalten ist indes ein Bauantrag der Gemeinde vom 27. März 1893 über "die Erbauung einer Mauer mit Lattengeländer an der Synagoge".[2] Grundriss und Mauer mit Lattengeländer sind in Abb. 6 und 7 wiedergegeben. Hier ist exakt der Lattenzaun beantragt und gezeichnet, den Eckert/Rausch auf ihrer Zeichnung wiedergegeben haben. Genauigkeit in einem Detail ist zwar kein Beweis für das Übrige, bestätigt aber die Erinnerung Eckerts. Mangels Alternative ist also bei dieser Zeichnung von einer gültigen Darstellung der Synagoge auszugehen.

Rundbogen-Fenster und zwei Türen sind als getrennte Eingänge für Männer und Frauen zu deuten (s. o.), die rechte, eckige Tür führt in die Lehrerwohnung. Hinter dem Lattenzaun von 17,5 m Länge der "Grabgarten", also der Gemüsegarten, mit 153 m² Fläche. Dieser war meist an Gemeindemitglieder oder an den Lehrer/Vorsänger verpachtet. Das Gelände rechts, vor den Synagogen-Eingängen und vor der Lehrerwohnung, hatte laut Katasterumrechnung von Klafter auf Quadratmeter 72,7 m² Fläche. Es war wahrscheinlich geschottert und dürfte als Vorplatz und Zugang zu den Eingängen noch eine Nutzung als Lagerplatz gehabt haben (vgl. Aussage vom 18. Februar 1947, Kap. VII). Das gesamte Grundstück (Grabgarten, Synagoge und Vorplatz) umfasste 59,5 Klafter = 371,7 m². Auf die Problematik der späteren Aufteilung zu den heutigen Katasterflächen wurde bereits hingewiesen.

Der Bauantrag für die kleine Mauer und den Lattenzaun ist noch in anderer Hinsicht von Bedeutung. Auf ihr ist die sog. "Einnordung" der Gebäude durch die Baubehörde vorgenommen. Beide Gebäude liegen also in West-Ost-Richtung. Ob das Gebäude an der Nordseite, die auf der Zeichnung von Eckert/Rausch nicht zu erkennen ist, ein Fenster besaß, wissen wir nicht. Es kann vermutet werden, dass zumindest das Lehrerhaus an dieser Nordseite ein Fenster hatte, da sonst die Belichtung dieses Raumes wohl kaum ausreichend gewesen sein dürfte.

Die Grundfläche des Synagogen-Gebäudes umfasste laut Ur-Kataster rund 63 m². Zieht man eine angenommene Ziegelmauerstärke von rund 25 cm ab, dann dürfte sich ein leicht rechteckiger Innenraum von 7,25 x 8,0 m = 58 m² ergeben. Für die Lehrerwohnung wäre demnach ein Innenraum von rund 33 m² anzunehmen. Die Höhe des Innenraumes ist unklar. Es gibt keine Anhaltspunkte für Vermutungen. Unklar ist vor allem, ob eine Decke eingezogen war und sich damit ein Dachboden ergab. Letzteres könnte durch das obere Bogenfenster an der Straßenseite (Zeichnung Eckert/-Rausch) nahe gelegt werden, ist aber nicht zwingend. Genauso gut vorstellbar wäre ein bis unter das Dach erhöhter Innenraum.

Für diese Annahme eines Innenraums, der bis unter das Dach reicht, sprechen Äußerungen eines jugendlichen Zeugen des Jahres 1938 und der Folgejahre, der keine eingezogene Zwischendecke gesehen haben will. Das Gebäude erinnerte ihn im Innenraum durchaus an eine Scheune, die ohne Zwischendecke errichtet worden sei. Das aufgehende Mauerwerk habe etwa drei Meter Höhe erreicht, das darauf liegende Dach sei ohne senkrechte Stützen, also in einer Art Sprengwerk von den Seiten errichtet worden. Diese Frage muss offen bleiben.

Die Ost-West-Ausrichtung ist für die gottesdienstliche Einrichtung der Synagoge von Bedeutung. An der Ostwand dürfte sich der Thora-Schrein befunden haben, der traditionell an der Ostwand zu finden ist. Der Aron, der heilige Schrein, enthielt die Thora oder die Thora-Rollen. Da ab 1890 drei Thoren vorhanden waren, ist es möglich, dass die bescheidenere Thora der Ursprungszeit von 1840 bis 1842 an anderer Stelle, eventuell auf dem Dachboden, verwahrt wurde. Der Aron an der Ostseite war möglicherweise als Wandnische mit einem Vorhang gestaltet. Eventuell war diese

Nische um zwei bis drei Stufen erhöht, um den sakralen Charakter zu betonen. Neben dem Aron für die Thora-Rollen ist das Bima- das Lesepult -an zentraler Stelle im Raum anzunehmen. Sie war wohl nicht als gemauerter Sockel, sondern aus Holz ausgeführt. Sie dürfte sich im vorderen Mittelteil befunden haben mit einer pultartigen Schräge, auf die die Thora zum Ausrollen und Vorbeten gelegt werden konnte.

Wo waren die Plätze für die gläubigen Juden und ihre Frauen? Das Inventar-Verzeichnis nennt elf Stühle der "Männerschule" und zwei Stühle für die "Frauenschule". Es darf angenommen werden, dass beim Gottesdienst die Stühle der Männer in loser Ordnung an den drei dem Thoraschrein abgewandten Seiten des Lesepultes gruppiert wurden, vielleicht mit festen Plätzen als Ehrenvorrang für den dreiköpfigen Vorstand. Der Vorsänger hatte einen Stuhl, der nur knapp die Hälfte des Preises für einen großen Stuhl ausmachte. Ob dies so zu deuten ist, dass er entweder als Schemel oder nur niedriger ausgeführt war, ist schwer zu sagen. Jedenfalls dürften die Sänger im Stehen gesungen haben.
Bei den beiden Eingängen soll es sich um getrennte Eingänge für Männer und für Frauen handeln. Offen bleibt die Frage, ob es hinter den beiden Eingängen einen kleinen Vorraum gab, der möglicherweise auch Gelegenheit zum Händewaschen bot, denn bei religiösen Festen wurde auch mit Früchten und mit vielfältigen Gegenständen hantiert.

Auf Vermutungen sind wir ebenso bei der "Frauenschule" angewiesen, für die nur zwei Stühle vorhanden waren. Es ist nicht ganz unwahrscheinlich, dass für die Frauen eine Empore errichtet worden ist. Darauf könnte auch das Rundfenster im Giebel hindeuten. Möglich ist auch, sich eine podestartige Erhöhung an der Straßenseite vorzustellen, die dann durch ein feines Gitter vom übrigen Raum abgetrennt sein musste. Bei beiden Annahmen wäre die Frauentür links anzunehmen.

Synagoge und Lehrerwohnung verfügten über je einen Ofen (lt. Inventarverzeichnis). Die Zeichnung von Eckert/Rausch zeigt keine Kaminaufsätze auf dem Dach. Vermutlich ist der größere Ofen für die Synagoge (Preis 20 Mark) an der Trennwand zwischen Synagoge und Lehrerwohnung an einem Kamin angeschlossen worden. Unter Berücksichtigung dieser Überlegungen könnte der Innenraum der Synagoge den Grundriss von Abb. 8 haben.

Die Synagoge muss auch über eine Art Bord an der Wand verfügt haben, auf dem sich zum Beispiel das Widderhorn befand, ebenso die Bücher für den Gottesdienst und andere Gegenstände. Die beiden Kronleuchter hingen wahrscheinlich links und rechts zwischen Lesepult und Thoraschrein.
Es fällt auf, dass im Inventar-Verzeichnis kein Leuchter aufgeführt ist, der normalerweise zum Inventar einer Synagoge gehört.

Und schließlich: Die Synagoge muss einen Holzdielen-Fußboden gehabt haben. Nachgewiesen sind Rechnungen über Fußbodenöl noch in den 1930er Jahren.

Die **Lehrerwohnung** mit einem Innenraum von etwa 33 m² muss auch in irgendeiner Weise unterteilt gewesen sein, da in ihr erstens der Lehrer schlafen musste und zweitens die Kinder den Religionsunterricht hatten, wenn dieser nicht in der Synagoge stattfand. Aus praktischen Gründen (Heizung) dürfte dieser aber eher in der Lehrerwohnung stattgefunden haben. Auch die Einrichtungsgegenstände aus dem Inventar-Verzeichnis deuten darauf hin.

Neben den Einrichtungsgegenständen für die Wohnung des Lehrers einschließlich vollständigem Bett (Deckbett, Überzüge, Unterbett, Strohsack und Federbett, Wert 85 Mark) gab es - nicht näher zugeordnet -drei Bänke und einen Tisch sowie drei tannene Bänke in der Schulstube als Bestandteil der Lehrerwohnung.

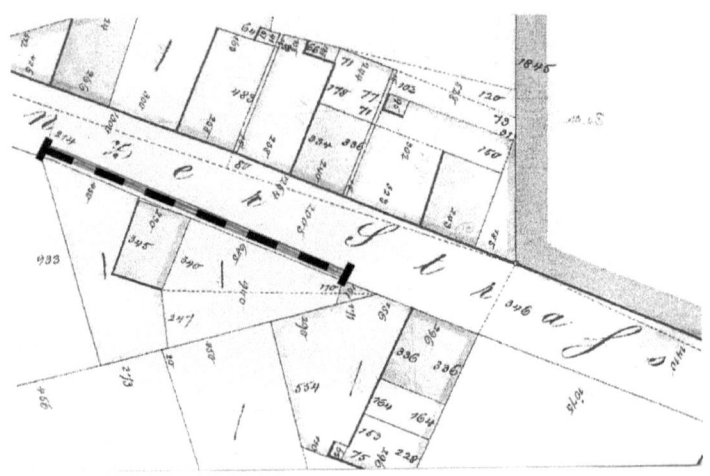

Abb. 2: Urkataster vor 1842, bearbeitet 1842 - 44, Gebäude der Synagoge, Straßenfront des Grundstücks gekennzeichnet

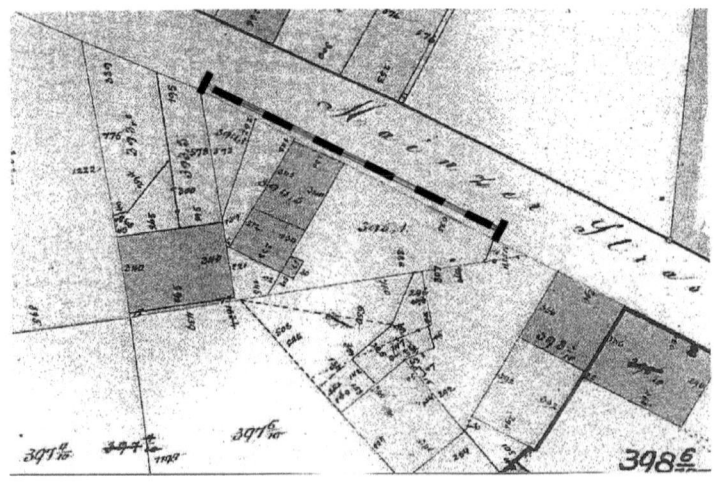

Abb. 3: Urkataster vor 1845, bearbeitet 1845, mit Anbau für die Lehrerwohnung

Abb. 4: Fotografie der Mainzer Straße, Synagoge, links vorne

Abb. 5: Zeichnung der Synagoge Rausch/Eckert vor 1992

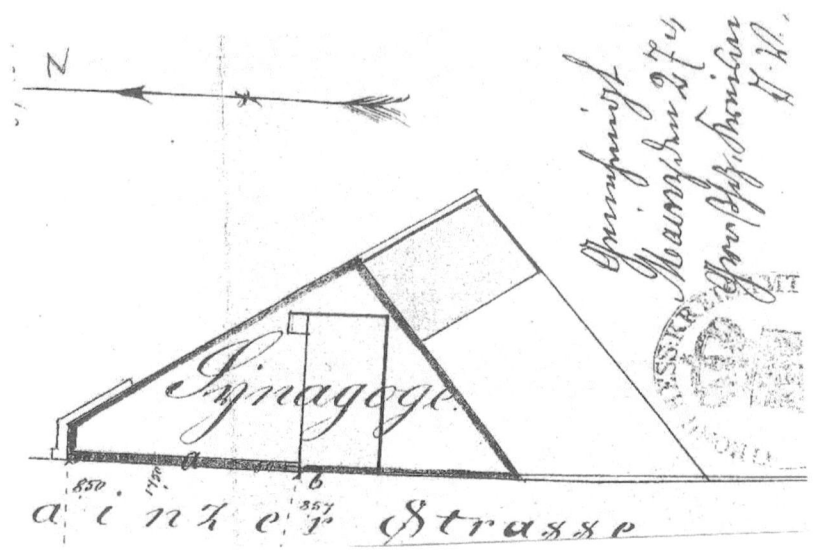

Abb. 6: Synagogengrundstück 1893

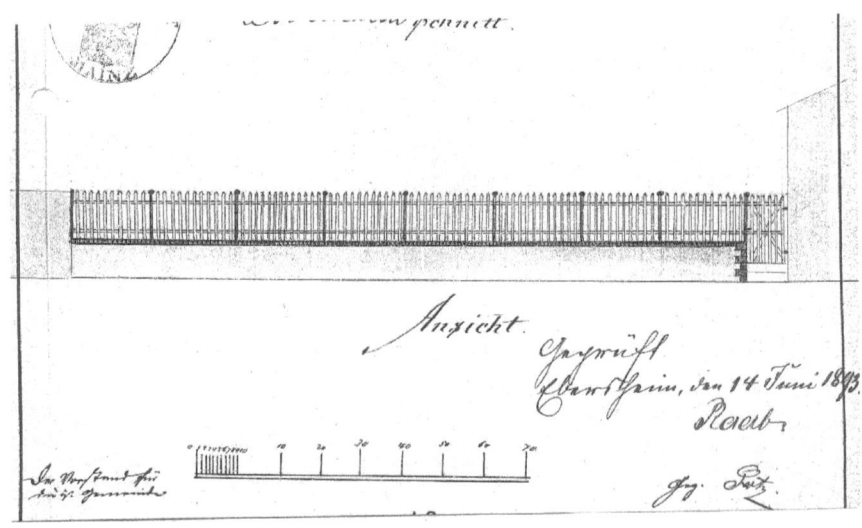

Abb. 7: Gartenmauer mit Lattenzaun 1893

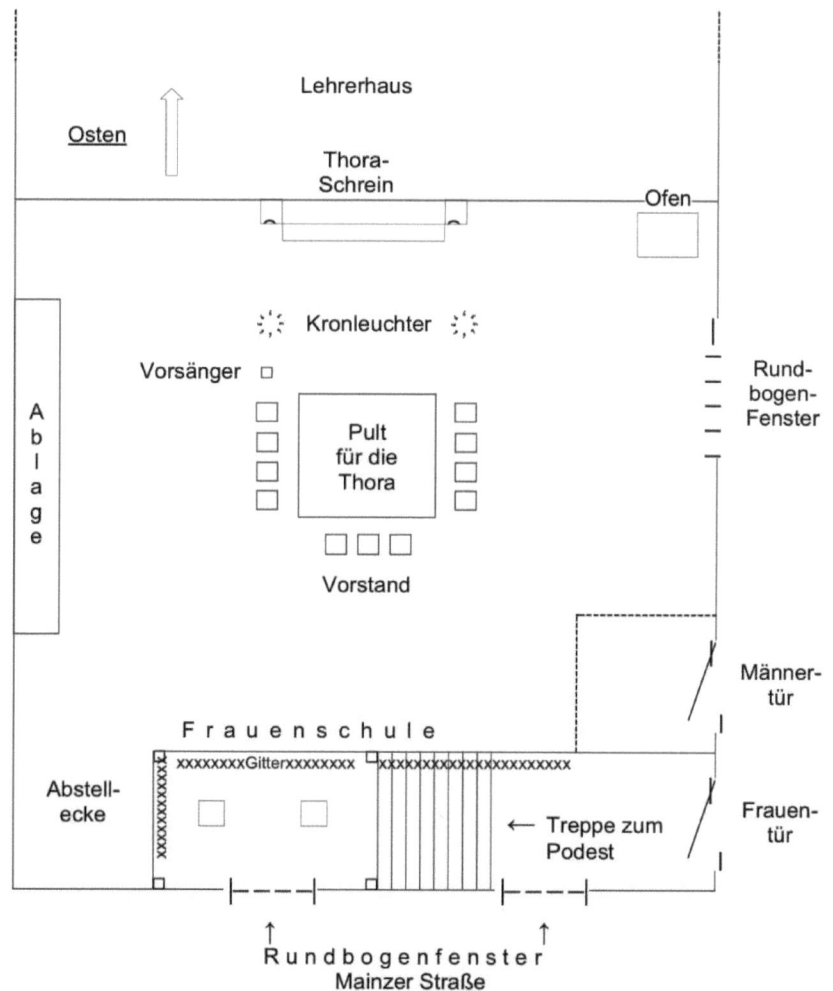

Abb. 8: Gedachter Innenraum der Synagoge
    Quellen:
- nach Zeichnung Eckert/Rausch,
- Inventarverzeichnis,
- Liturgische Tradition

V. Der Untergang der Ebersheimer Synagoge und der Israelitischen Gemeinde 1938

Der Pogrom vom Abend des 8. November 1938

Am Abend des 8. November 1938 brachte ein LkW den Nieder-Olmer SA-Sturm - eine nicht genau zu beziffernde Zahl von SA-Männern -, angeführt von seinem Scharführer Ludwig Simon an den Ortsrand von Ebersheim (Nieder-Olmer Straße) und ließ dort absitzen. Der Sturm wurde vom Ebersheimer Ortsgruppenleiter der NSDAP Stuppert und vom Ortsbürgermeister Herdt erwartet. Beide waren telefonisch in die beabsichtigten Abläufe nicht nur eingeweiht, der Ablauf war wahrscheinlich gemeinsam geplant. Darauf deuten Aussagen des Simon vor der Polizei hin.

Der SA-Sturm hatte seit dem Nachmittag in Nieder-Olm, wo es seit einigen Jahren keine Synagoge mehr gab, von Juden bewohnte Häuser und Wohnungen zerstört, Inventar auf die Straßen geworfen, Fenster und Türen zerbrochen. E. Rettinger und A. Weisrock urteilen: "Die Ortsgruppe (der NSDAP) verfügte über einen schlagkräftigen SA-Sturm" mit mindestens 29 Sturmmännern.[1] Nach Weisrock hatten die Ausschreitungen in Nieder-Olm bereits um 12 Uhr mittags begonnen und er bemerkt: "Es waren keine Auswärtigen dabei".[2]

Die Nieder-Olmer SA-Männer vereinigten sich nun am Abend mit den Ebersheimer SA-Männern, die auf sie gewartet hatten, und begaben sich unter Anführung des Simon zur Synagoge. Auf dem Weg dahin zerstörten sie die jüdischen Wohnungen, die am Wege lagen. Die Synagoge wurde aufgebrochen, Heu und Stroh aus der Nachbarschaft geholt und das Gebäude angezündet. Später wurden Brandwachen aufgestellt, um den Brand unter Kontrolle zu halten. Es wird nichts über die Plünderung des Inventars berichtet. Demnach wäre es vollständig verbrannt.

Die vereinigten Nieder-Olmer und Ebersheimer SA-Leute zusammen mit denjenigen, die sich ihnen zugehörig fühlten, und den üblichen Neugierigen, immer noch angeführt vom Scharführer Simon, marschierten weiter zu den Häusern der Juden in den anderen Ebersheimer Straßen, um ihr zerstörerisches Werk zu vollenden. Zwischendurch trank man in der Gastwirtschaft Gabel noch ein Bier.

Ob und in welchem Maße sich die Einwohner, soweit sie keine Nazis waren, aktiv an den Zerstörungen beteiligten, wird nicht ersichtlich. Bei älteren Ebersheimern, die damals Kinder waren, wird heute noch der Abscheu deutlich, aber auch die Angst vor den Parteigenossen. Großväter berichten, dass sie damals als Jugendliche drauf und dran waren, Steine zu werfen, aber durch die Hand eines besonnenen Vaters davon abgehalten worden seien.

Die fünf jüdischen Familien, die damals noch in Ebersheim lebten (Bernhard Goldschmitt, Leopold Goldschmitt, Nathan Goldschmitt, Rosel Goldschmitt, sowie Sofie Bernay, zusammen elf Personen), hatten nun keine Heimat und kein Zuhause mehr. Sie wurden nach Mainz zu Bekannten und später in sog. "Juden-Häuser" verbracht, z. B. in die Breidenbacher Straße, von wo aus sie in den folgenden Jahren in die Konzentrationslager, vor allem nach Theresienstadt deportiert wurden. Friedrich Eckert hat hierzu Näheres berichtet.

Niemand hat, soweit ich sehe, bisher die Frage gestellt, warum die Reichspogromnacht in Nieder-Olm und Ebersheim bereits am 8. November 1938 stattgefunden hat, wo doch die reichsweiten Zerstörungen, Misshandlungen und Tötungen von Juden erst in der Nacht vom 9. auf den 10. November 1938 stattfanden. Aber sie hat in Ebersheim 24 Stunden vor dem durch Goebbels befohlenen Pogrom stattgefunden. Es ist bekannt, dass regionale Ausschreitungen in den Gauen Kurhessen (Kassel) und Magdeburg-Anhalt (Dessau) ohne zentrale Anweisung der NSDAP-Reichsleitung vor dem 9. November stattgefunden haben.

Vorausgegangen war das Attentat des jungen Juden Herschel Grynszpan am Morgen des 7. November 1938 auf den Botschaftssekretär vom Rath an der Pariser Botschaft. Vom Rath war schwer verletzt worden. Dies galt für die Nationalsozialisten als das erwünschte Signal, gegen die Juden loszuschlagen. Hitler und Goebbels indes wollten abwarten, bis vom Rath tatsächlich tot wäre, um dann ein allgemeines Signal zum Pogrom zu geben. Die sofortigen Einzelaktionen zeigen, dass "ein aktives Eingreifen der obersten NS-Führung ... für antijüdische Ausschreitungen im November 1938 auch nicht zwingend erforderlich war".[3]

Bereits im Februar 1936 wollten viele Nazis "gegen die Juden losschlagen", als Wilhelm Gustloff, NSDAP-Landesleiter in der Schweiz, von einem Juden erschossen worden war. Damals unterband die NS-Führung geplante Ausschreitungen wegen der bevorstehenden olympischen Winterspiele in Garmisch-Partenkirchen und der aus dem Ausland zu erwartenden Reaktionen. Jetzt, 1938, war der Drang, endlich loszuschlagen, sehr groß. Der Tod vom Raths wurde Goebbels am Nachmittag des 9. November gemeldet und somit auch Hitler, denn beide befanden sich in München. Der 8. und der 9. November waren für die NS-Bewegung besondere Tage. In jedem Jahr feierten die "Alten Kämpfer", d. h. die Mitglieder vor der "Machtergreifung" und die Blutordensträger der Bewegung, die so genannte "Nationale Revolution" vom 8. November 1923 und den am nächsten Tag folgenden Marsch auf die Feldherrnhalle in München, Hitler und der Generaloberst a.D. Ludendorff an der Spitze. Die bayerische Landespolizei hatte die Revolte zusammengeschossen. Es gab Tote. Hitler und zahlreiche Kumpane kamen in - kurze - Festungshaft nach Landsberg am Lech.

Seit Hitlers politischem Aufstieg Ende der 20er Jahre war dieser 9. November 1923 ein heiliger Tag, den Hitler nach der Machtergreifung zu einem Mythos aufbaute. Am 9. November 1938 war wie in jedem Jahr eine große Abendveranstaltung der "Alten Kämpfer" und aller Gauleiter unter Leitung von Hitler und Goebbels in München vorgesehen - Blutorden-Träger mit namentlicher Einladung. Auch der so genannte "Stoßtrupp Hitler", eine berüchtigte Schlägertruppe, war anwesend und raste nach Bekanntwerden des Todes des Diplomaten vom Rath in einem fürchterlichen Pogrom durch München, den Goebbels im Auftrage Hitlers entfesselte. Von München aus gingen noch am Abend Telefongespräche in die Gaue des Reiches und "ein präzises Rundschreiben, ... in dem dargelegt wird, was getan werden darf und was nicht" (Goebbels-Tagebuch, Eintrag vom 10. November).[4] Die persönliche Hauptverantwortung Hitlers und Goebbels als Exekutor ist nicht zu leugnen.

Für Nieder-Olm und Ebersheim kam die zentrale Order zu spät. Man hatte ja schon vierundzwanzig Stunden früher losgeschlagen. Wie es genau dazu kam, muss im Unklaren bleiben. Es gibt allerdings gewisse Hinweise, die alle auf die SA-Kumpaneien der "Alten Kämpfer" hindeuten. Nicht jeder dieser "Alten Kämpfer" war nach München geladen. Die anderen pflegten am 7. oder 8. November in jedem Jahr Gedenk-Stammtische zu veranstalten, wo der Ereignisse des Münchner Putsches von 1923 gedacht wurde. Diese Stammtische sind überliefert, zum Beispiel aus Emmerich und Kleve.[5] Im Jahr 1938, am 15. Jahrestag des Putsches, stand dieses Ereignis unter dem Motto der "großdeutschen Erfüllung", des Anschlusses von Österreich an das Deutsche Reich. Die Stimmung in Nieder-Olm, wo der Stammtisch im »Pfälzer Hof« (Wassergasse), dem SA-Lokal, stattfand, dürfte also zweifach aufgeheizt gewesen sein. Einmal durch das jüdische Attentat in Paris, zum anderen durch die Großtat des "Anschlusses". Ob der Scharführer Simon die Leitung der Aktion aus eigenem Antrieb an sich riss oder durch den NS-Ortsgruppenführer Eckes angestachelt wurde, ist nicht zu klären.

Die Pogrome in Nieder-Olm und Ebersheim, die in einem engen Tatzusammenhang gesehen werden müssen, sind nicht durch einen förmlichen Befehl der NSDAP oder anderer Stellen ausgelöst worden, sondern waren aus der aufgeheizten Atmosphäre des Attentates und des 15. Jubiläums des Hitler-Putsches von 1923 entstanden, spontan zwar, aber auch geplant. Die Bereitstellung der Fahrzeuge und der Mannschaften war ebenso zu leisten wie die "Vorwarnung" der Ebersheimer Parteigenossen. Es gab eine gemeinsame Vorplanung mit der dortigen Ortsgruppenführung über das, was man an diesem Abend vorhatte, ein unheiliges Gemeinschaftswerk beider Ortsgruppen der NSDAP.

Die Verantwortlichen konnten sich nicht darauf berufen, Befehle von Hitler, Goebbels oder anderer übergeordneter Stellen ausgeführt zu haben. Sie haben aus eigenem Entschluss gehandelt.

Die Schutzbehauptung des Scharführers Simon, er habe in Finthen am 8. November nachmittags die Zerstörungen der jüdischen Wohnungen gesehen, folglich könne er in Nieder-Olm gar nichts angeordnet haben, muss als widerlegt gelten, da in Finthen nachweislich die Pogrome erst 24 Stunden später, am 9. November, stattfanden. Das Landgericht Mainz hat diese Diskrepanz nicht aufgedeckt.

Nach dem Pogrom

Durch Blitzfernschreiben aus Berlin wurden die Kreisämter (Mainz) am 11. November 1938 zum Bericht aufgefordert.[6]

**Verzeichnis
über den im Kreis Mainz entstandenen Schaden anläßlich der Aktion gegen Juden.**

Lfd. Nr.	O r t	Anzahl der beschädigten Geschäfte:	schätzungsweiser Schaden RM.	Anzahl der beschäd. Wohng.	schätzungsweiser Schaden RM.	Anzahl der Stellenlosen.	Bemerkungen
1.	Finthen	-	-	5	12000	-	1 Auto verbrannt
2.	Hechtsheim *)	-	-	5	8000	-	-
3.	Nieder-Olm	2	2000	4	9000	-	-
4.	Ober-Olm	-	-	4	2000	-	-
5.	Klein-Winternheim	1	1000	1	50	2	-
6.	Ebersheim *)	-	-	5	13000	-	-
7.	Bodenheim	-	-	2	1000	-	-
8.	Oppenheim *)	-	-	13	35000	-	-
9.	Nierstein	2	800	1	500	1	-
10.	Guntersblum *)	-	-	4	20000	-	-
11.	Dolgesheim	-	-	1	1500	-	-
12.	Hillesheim	-	-	3	5000	-	-
13.	Udenheim	-	-	1	1000	-	-
14.	Hahnheim *)	-	-	4	5000	-	-
	zusammen:	5	3800	53	113050	3	
15.	Dienheim	-	-	1	700	-	-
16.	Mommenheim	1	800	1	1000	-	-
	zusammen:	6	4600	55	114750	3	-

*) Synagoge 1938 geschändet oder verbrannt; Anmerkung Vf.

Die Liste zeigt, dass Ebersheim nach Oppenheim (35000 RM) und Guntersblum (20800 RM) mit 13000 RM den dritthöchsten Schaden unter den sechzehn Gemeinden des Kreises Mainz hatte, noch vor Finthen (12000 RM), Nieder-Olm (9000 RM) und Hechtsheim (8000 RM).

Diese Rangfolge der absoluten Schäden berücksichtigt allerdings nicht die Zahl der jüdischen Haushalte pro Gemeinde. Auch ist die Frage offen, ob der Sachschaden der Synagoge eingerechnet worden ist. Die Liste macht das Ausmaß der angerichteten Zerstörungen deutlich. Sie zeigt aber auch, wie akribisch die Polizei reichsweit zu berichten hatte, denn man wollte - welche Perversion - die Juden für die Schäden zahlen lassen.

Ansonsten stand das Vermögen der Juden in Ebersheim zum Verkauf. Schon im Januar 1939, also zwei Monate nach dem Brand, hatte ein Ebersheimer Landwirt versucht, für den Preis von 1000 Mark die Synagoge und das Grundstück von Lazarus Goldschmitt, dem Vorsteher der jüdischen Gemeinde Ebersheim-Harxheim, zu kaufen. Der Vertrag wurde offenbar für nichtig erklärt. Am 2. Mai 1940 vermerkt das Gemeinderatsprotokoll der Gemeinde Ebersheim unter Punkt 3:

"Für die Synagoge soll der Bürgermeister verhandeln und so billig wie möglich kaufen von dem jüdischen Landesverband".[7]

Am 24. Mai 1940 berichtet der Gendarmerieposten Nieder-Olm dem Landrat des Landkreises in Mainz aufgrund einer Verfügung:

"Die in Ebersheim vorhandene(sic)Synagoge wurde seinerzeit beschädigt. Sie befindet sich noch in demselben Zustand, wie nach der Beschädigung. Seitens der Gemeinde Ebersheim wurden keine Instandsetzungen der entstandenen Schäden vorgenommen. Die Gemeinde beabsichtigt die Synagoge zu kaufen um ein Heim für die Hitler-Jugend daraus zu machen. Da jedoch der jüdische Kultus einen zu hohen Preis fordert ist es bisher noch zu keinem Kauf gekommen. Die Gemeinde hatte daher auch seither keinen Grund die Schäden herzustellen. Örtliche jüdische Vermögenswerte außer der Synagoge sind keine mehr vorhanden. Mithin sind der Gemeinde Ebersheim auch keine Unkosten in dieser Hinsicht entstanden."[8]

Das war der Bericht des Gendarmeriemeisters aus Nieder-Olm über die Synagogenschäden, "die anlässlich der Empörungskundgebung des deutschen Volkes am 10. November 1938" entstanden waren. Der Bericht fügt an, dass "die in Ober-Olm und Essenheim befindlichen Synagogen unbeschädigt in den Besitz von arischen Landwirten übergegangen sind".[8]

Weitere Kenntnisse über den Zustand der Synagoge im Krieg sind aus den Akten nicht ersichtlich. Von Ebersheimern wird berichtet, dass die Synagoge noch aufrecht stehendes Mauerwerk hatte, dass die Fenster und Türen vernagelt waren und dass die Ruine bis 1956 zu sehen war.

Bemerkenswert im Bericht des Gendarmeriemeisters aus Nieder-Olm ist der Satz, dass es in Ebersheim zu diesem Datum - 24. Mai 1940 - außer der Synagoge kein jüdisches Eigentum mehr gibt. Alle Häuser und Grundstücke, die Juden in Ebersheim besessen hatten, sind bis zu diesem Zeitpunkt bereits durch Kauf in die Hände wohl vor allem von Ebersheimern gelangt.

Was geschah mit dem Inventar der Synagoge? Ist es gänzlich verbrannt oder zerschlagen, oder sind Teile entweder geraubt oder an die Sammelstelle der Gestapo nach Hechtsheim verbracht worden? Da das Grundstück und der Bau über Jahre ruinös lagen, ist es durchaus möglich, dass Teile, Bruchstücke oder Reste aus der Asche als "Souvenirs" in private Hand kamen. Dem Verfasser ist 1985 ein Rechnungsbuch der israelitischen Gemeinde in die Hand gekommen, das in irgendeiner Weise in den Besitz der damaligen Eigentümerin geraten ist. Eine Kopie des Rechnungsbuches befindet sich heute im Archiv der Stadt Mainz zusammen mit zwei weiteren Rechnungsbüchern der Jahre 1878 ff. Brandspuren an einem der Rechnungsbücher im Mainzer Stadtarchiv lassen darauf schließen, dass das Buch dem Brandschutt entnommen sein könnte.

Die Trümmer der Synagoge waren bis 1956 mehr oder weniger zugänglich. Ältere Ebersheimer berichten, dass sie als Kinder und Heranwachsende in den Trümmern des Grundstückes bis in die Nachkriegszeit hinein gespielt haben. 1956 hat die jüdische Kultusgemeinde Rheinland-Pfalz Grundstück und Gebäudereste verkauft. Die Ruinen wurden durch die neuen Eigentümer abgerissen und dort ein Wohnhaus errichtet. Nichts erinnert daran, dass dort etwa einhundert Jahre lang eine Synagoge als Mittelpunkt der israelitischen Gemeinde Ebersheim-Harxheim stand. Nur die älteren Einwohner von Ebersheim und wenige von den Zugezogenen wissen, wo die Synagoge gestanden hat. Neuerdings (März 2014) ist eine kleine Gedenktafel am Standort in den Bürgersteig eingelassen.

VI. Der Prozess um die Pogrome in Nieder-Olm und Ebersheim

1. Aspekte der Situation unmittelbar nach Kriegsende; das Gerichtsverfahren

Vorab erscheint es erforderlich, Aspekte der Situation unmittelbar nach Kriegsende in Deutschland zu betrachten. Deutschland war nicht nur in weiten Teilen zerstört, Millionen Tote waren zu beklagen, das Land lag auch moralisch am Boden. Ich folge hier den Ausführungen von Professor Dr. Horst Möller, Leiter des Instituts für Zeitgeschichte in München, 1992 bis 2011. Als sowjetische Truppen am 27. Januar 1945 Auschwitz befreiten und am 15. April 1945 britische Truppen das KZ Bergen-Belsen, "traten Formen und Ausmaß der NS-Verbrechen in das öffentliche Bewusstsein der Deutschen".[1] Alsbald begann in den westlichen Besatzungszonen eine rechtsstaatlichen Grundsätzen und Verfahren verpflichtete Justiz zu arbeiten - und das nach zwölfjähriger Indienstnahme der deutschen Justiz durch die NS-Diktatur. Es gab in Deutschland 1945 so gut wie keinen Richter im Amt, der nicht Mitglied der NSDAP gewesen war. Dennoch setzten die Alliierten sehr schnell eine deutsche Justiz unter ihrer Aufsicht in den neu gebildeten Ländern in Funktion.[2]

Alliierte Militärgerichte sprachen in den Westzonen zwischen 1945 und 1949 5.025 Urteile, davon 806 Todesurteile, von denen 486 vollstreckt wurden. Wichtig war, dass in der Nachkriegsphase nach rechtsstaatlichen Grundsätzen geurteilt wurde.

Erwähnt werden muss auch die Entnazifizierung, die von den alliierten Siegern betrieben wurde. Diese Entnazifizierungsverfahren kann man kritisieren, da nicht alle Belasteten erfasst wurden. Die Statistik weist für 1949/50 3,66 Mio. bearbeitete Fälle auf, 1.667 so genannte Hauptschuldige, 23.000 Schuldige, 150.000 Minderbelastete. 1,005 Mio. galten als Mitläufer, 1,214 Mio. als Entlastete.

Die Betroffenen mochten die Verfahren als ungerecht empfinden, die Opfer als zu nachsichtig. Immerhin gab es bei einer Bevölkerung von 65 Mio. Deutschen rund 8,5 Mio. Parteigenossen, "die nicht über Nacht verschwunden waren", sie bildeten keine homogene Gruppe. Wie sollte man dieses Problem von Schuld und Sühne und Wiederaufbau bewältigen? Es sei auf zwei Schlüsselwerke von 1946 hingewiesen: Der Essay des von den Nazis entlassenen Philosophen Karl Jaspers "Die Schuldfrage" und das Buch von Eugen Kogon "Der SS-Staat", das zwischen 1946 und 1974 eine Auflage von 350.000 Exemplaren erreichte.

Eine positive Seite dieser Entnazifizierungsverfahren war auch, dass die Alliierten schnell unbelastete Persönlichkeiten in politische Ämter einsetzen konnten. Das war auch für Nieder-Olm und für Ebersheim von Bedeutung, wo Bürgermeister eingesetzt wurden, die nicht nur nicht belastet waren, sondern die von den Nazis aus ihren Ämtern entfernt worden waren.

In unserem Zusammenhang interessieren besonders die Verfahren, die die westdeutsche Justizorganisation bis Mai 1955 einleitete. Die Ausschreitungen und Brandstiftungen des November 1938 wurden, wenn sie nicht als Mord oder Totschlag zu qualifizieren waren, in aller Regel als schwerer Landfriedensbruch angeklagt sowie als Verbrechen gegen die Menschlichkeit.

Eine erste rechtspolitische Maßnahme war das Ruhen der zehnjährigen Verjährungsfrist für diese Delikte bis zum 8. Mai 1945, um ausreichende Zeit für Ermittlungen und Verfahren zu schaffen.[3] In den Jahren nach 1945 bis 1950 war der Anteil dieser Verfahren mit 35 % sehr hoch. Nach 1950 blieb in den ersten Jahren der Anteil in ähnlicher Höhe und zwar bei den Anklagen und den Verurteilungen. Diese Delikte, die den Schwerpunkt der Taten des November 1938 umfassen, nehmen bis dahin eine Spitzenposition ein. Eichmüller nennt ein Mainzer Verfahren (Landgerichtsurteil vom 23. Mai 1949).[4] Wegen des Brandes und der Zerstörung der Weisenauer Synagoge waren acht Männer angeklagt. Das Gericht verhängte gegen zwei von ihnen Strafen von neun und zwölf Monaten Gefängnis wegen Verbrechens gegen die Menschlichkeit, die übrigen wurden mangels Beweisen freigesprochen.

In Nieder-Olm und Ebersheim waren die Verantwortlichen der NS-Zeit zum Teil im Krieg gefallen, zum Teil ihrer Ämter enthoben und als Belastete in Lagern der Alliierten interniert. Gesucht wurden nun Männer und Frauen, die politisch und moralisch integer waren und die Erfahrung in der Kommunalpolitik hatten. In Nieder-Olm wurde Jakob Sieben als Bürgermeister von den Alliierten (wieder) eingesetzt, in Ebersheim Balthasar Becker. Sieben war ein alter Zentrumsmann, den die Nazis 1933 sofort nach der Machtergreifung seines Amtes enthoben hatten. Sein Schicksal teilten damals die Bürgermeister von Budenheim, Finthen, Hechtsheim und Stadecken. Fünf von achtzehn Bürgermeistern im Kreis Mainz waren 1933 ihrer Ämter enthoben worden.[5] Becker musste 1936 aus dem Amt scheiden.

Jakob Sieben wollte die von Nieder-Olm ausgehenden Pogrome des 8. November 1938 nicht ohne rechtliche und moralische Ahndung lassen. Ihm waren nicht nur die Ereignisse, sondern auch die verantwortlichen Personen in Nieder-Olm bestens bekannt. Er erstattete Anzeige bei der französischen Besatzungsbehörde. Diese beauftragte die Militärpolizei mit dem weiteren Verfahren, so dass im Februar 1947 zwei Wochen lang täglich mit zwei Beamten Vernehmungen in Nieder-Olm und Ebersheim durchgeführt wurden. Die Angelegenheit wurde dann den Justizbehörden des neu gebildeten Landes Rheinland-Pfalz übergeben. Die Staatsanwaltschaft Mainz ermittelte nun ihrerseits und erhob Anklage gegen sieben der Hauptbeteiligten wegen Landfriedensbruchs. Gegen Ludwig Simon als Hauptbeschuldigten erging am 27. September 1947 Haftbefehl, da ein Verbrechen Gegenstand der Untersuchung war und Verdunkelungsgefahr bestand. Die Staatsanwaltschaft beim Landgericht Mainz klagte Ludwig Simon, Peter Klos, Marianne Horn, Johanna Elisabeth Horn, Alfred Fahr, Anton Ambach, Richard Fries, alle aus Nieder-Olm, an. Es wurden 23 Zeugen geladen, siebzehn aus Nieder-Olm und fünf aus Ebersheim. Die Staatsanwaltschaft beantragte für Simon zehn Monate Gefängnis, gegen fünf weitere Angeklagte Strafen zwischen drei und sieben Monaten.

Das Urteil des Landgerichts Mainz (Landgerichtsrat Dr. Gassner, Vorsitzender, Amtsgerichtsrat Dr. Brun, Assessor Weber als beisitzende Richter) lautete auf Freispruch auf Kosten der Staatskasse. Zwei Angeklagte (Fahr und Fries) wurden wegen erwiesener Unschuld freigesprochen.[6]

Es gab keinerlei Zweifel an den Tatgeschehen des schweren Landfriedensbruchs durch SA-Männer und andere, weder in Nieder-Olm noch in Ebersheim. Die individuelle Tatzuordnung der Angeklagten im Einzelnen war in den Zeugenaussagen nach Ansicht des Gerichts nicht zuverlässig zu klären. Es blieben Widersprüche, die im Anhang deutlich werden. Daher kam es zum Freispruch nach dem Grundsatz *in dubio pro reo,* trotz der belastenden Aussagen zweier Ebersheimer Zeugen. Diese wiesen aber Widersprüche in sich auf zwischen den Aussagen, die vor der Polizei gemacht worden waren, und denen vor Gericht. Es blieb daher bei dem rechtsstaatlich gebotenen Freispruch mangels Beweisen. Dennoch bleiben erhebliche Zweifel daran, ob das Gericht die Fakten richtig gewichtet und gewertet hat. Dass schwerer Landfriedensbruch stattgefunden hat, ist unbestreitbar. Offen blieb, wem er im Einzelnen zuzuordnen war. Das Urteil wurde in der Presse kritisiert.

2. Das politisch-juristische Nachspiel

Der vorsitzende Richter, der das Urteil zu verantworten hatte, berichtete unter dem 30. April 1948 dem Minister der Justiz von Rheinland-Pfalz.[7] Er nahm auch zu dem Vorwurf Stellung, dass er "als PG (Parteigenosse) zum Vorsitzenden bestimmt worden sei". Er wies darauf hin, dass er "selbst seine Bedenken in dieser Richtung bereits mehrfach an vorgesetzter Stelle zum Ausdruck gebracht habe, jedoch ... kein politisch völlig unbelasteter Vertreter zur Verfügung stehe". Er machte weiter darauf aufmerksam, "dass durch persönliche Entscheidung des Herrn Oberstaatsanwalts von einer Revision abgesehen wurde, woraus zu schließen sei, dass auch die Staatsanwaltschaft das Urteil für zutreffend halte".

Ein ganz anderes Gewicht hatte die Intervention des französischen "Gouverneurs Hettier de Boislambert, Délégué Général der Militärregierung des Landes Rheinland-Pfalz", gerichtet an den Ministerpräsidenten - Justizminister -. In seinem Auftrag schrieb der Direktor zur Überwachung der Justiz, George Veper, in der "Strafsache gegen Simon und andere wegen Verbrechens gegen die Menschlichkeit (Anlage sechs Aktenbände)"

> *"In der Strafsache gegen Simon u. A., wegen Verbrechens gegen die Menschlichkeit sende ich Ihnen die Akten nach Kenntnis von dem Urteil zurück.*
>
> *Ich bemerke, dass der Angeklagte Klos am Tage der antisemitischen Ausschweifungen von dem Zeugen Eigenhardt (wohl Eigenbrodt, d. Vf.) dabei gesehen worden war, als er mit einer Axt auf der Schulter umher lief.*
>
> *Ferner hat die Mutter der Beschuldigten Horn, Marianne nach Aussage des Simon selbst (Bl. 67) erklärt, dass ihre Tochter an den antisemitischen Ausschweifungen teilgenommen hatte.*
>
> *Ich bitte um Mitteilung, ob der Synagogenbrand in Ebersheim Veranlassung zu weiteren Verfahren wegen Verbrechens gegen die Menschlichkeit gegeben hat.*
>
> *i. A. der Direktor zur Überwachung der Justiz."*

Auf diese Intervention hin berichtete die Gendarmerie-Abteilung Mainz mit Datum 13. Dezember 1948 (Bl. 157) an die Staatsanwaltschaft in Mainz:

> *"In den Gemeinden Ebersheim und Nieder-Olm konnten die Brandstifter der Synagoge in Ebersheim nicht ermittelt werden. Zeugen, die positive Angaben über diese Personen machen könnten, wurden nicht festgestellt. Nach Aussagen einiger Ortseinwohner von Ebersheim sollen die Brandstifter von auswärts, anscheinend von Nieder-Olm gekommen und infolge der Dunkelheit nicht erkannt worden sein. Ein gewisser NN aus Ebersheim soll sich besonders an der Demolierung der Juden-Wohnungen beteiligt haben. [Er] ist im Kriege gefallen. Der frühere Bürgermeister Herdt, der 1945 verstorben ist, soll an der Synagoge mit den Brandstiftern gesprochen haben. Alle befragten Personen können positive Angaben nicht machen, sondern sprechen nur Vermutungen aus oder wollen ihr Wissen von*

anderen Personen haben. Auch die unmittelbare Nachbarschaft der Synagoge und der Juden-Wohnungen wollen wohl die Vorgänge an dem fraglichen Tage wahrgenommen, aber nichts gesehen haben. Weiter geben sie an, dass sie sich aus Furcht nicht weiter um die Sache gekümmert hätten.

Zu bemerken wäre noch, dass die Synagoge nicht vollständig abgebrannt, sondern durch das rechtzeitige Eingreifen der Feuerwehr nur ausgebrannt ist.

gezeichnet: Gend.-Kommissar u. Abteilungs Chef."

Daraufhin berichtet der Oberstaatsanwalt, Aktenzeichen: 3 Klv.30/48, vom 15. Dezember 1948:

*"An die
Landesregierung Rheinland-Pfalz
Herrn Minister der Justiz
Koblenz*

betr. Strafsache gegen Ludwig Simon in Nieder-Olm u. a. wegen Landfriedensbruchs

Berichterstatter: Staatsanwalt Dr. Bergk

zu 411 E I - 536 - 531 -

Ich nehme Bezug auf die Verfügung vom 23. Juni 1948, worin im letzten Absatz verfügt war, festzustellen, ob der Synagogenbrand in Ebersheim Veranlassung zu einem Verfahren wegen Verbrechens gegen die Menschlichkeit gegeben habe.

Nach eingehenden Ermittlungen des Gendarmerie-Abteilungschefs in Mainz ist die Einleitung eines Verfahrens aussichtslos. Es wurde als Hauptbeteiligter an der Juden-Aktion in Ebersheim ein gewisser Sch. genannt, der aber im letzten Kriege gefallen ist. Auch der frühere Bürgermeister Herdt soll mit den Brandstiftern an der Sy-

nagoge unter einer Decke gesteckt haben. H. ist im Jahr 1945 verstorben. Jeder Versuch weiterer Aufklärungen scheitert an dem schlechten Gedächtnis der besagten Personen. Ich sehe mich daher außer Stande, weitere Ermittlungen festzustellen.

Verfügung
*1.	Registratur*
*2.	Weglegen*

Mainz, den 20. Dezember 1948"

Damit hat die juristische Aufarbeitung der Nieder-Olmer und Ebersheimer Ereignisse vom 8. auf den 9. November 1938 ihr Ende gefunden, ein Ende, das nicht befriedigen kann.

Im Bewusstsein der Bevölkerung von Ebersheim existiert dieser Prozess nicht. Der Verfasser lebt seit 1977 in Ebersheim und hat sehr wohl in Gesprächen über den Untergang der Synagoge Beobachtungen und Meinungen erfahren. Der Prozess ist jedoch nie zur Sprache gekommen, auch nicht auf Nachfrage.

VII. DER POGROM VOM 8. NOVEMBER 1938 IN DEN AUSSAGEN VON BETEILIGTEN UND AUGENZEUGEN[1]

Hauptangeklagter Karl Ludwig Simon am 8.11.1938:
"In Ebersheim tut sich was, da müssen wir hin."

Die ausgewählten und gekürzten Aussagen von Ebersheimern und Nieder-Olmern, die die schrecklichen Geschehnisse des 8. November 1938 nachmittags in Nieder-Olm und abends und in der Nacht vom 8. auf den 9. November 1938 in Ebersheim miterlebt haben, sollen ein Zeitzeugnis von den Ereignissen vermitteln. Dem Gericht ist es nicht gelungen, die Wahrheit herauszufinden. Die Täter sind nicht ermittelt worden. Die Taten konnten ihnen nicht stichhaltig zugeordnet werden. Die Aussagen, die im Folgenden abgedruckt werden, können naturgemäß nicht die Wahrheit ans Licht bringen.

Die Befragungen fanden achteinhalb Jahre nach den Ereignissen statt. Ein Teil der Befragten und Täter waren zum Zeitpunkt der Taten 18 oder 20 Jahre alt. Die einschneidenden Kriegsereignisse hatten bei Tätern und Opfern, sofern sie überlebt hatten, die Ereignisse überlagert.

Im Folgenden werden vor allem die Aussagen von Ebersheimer Einwohnern herangezogen, unter ihnen vor allem die Aussagen, die die Synagoge betreffen. Das ist eine Auswahlentscheidung des Vf., der über die Ereignisse in Ebersheim berichten will und die Aussagen von Nieder-Olmern nur insoweit einbezieht, als sie für das Gesamtverständnis wichtig sind. Deutlich werden aber auch die individuellen Schicksale, z. B. des Angeklagten Fahr/Nieder-Olm.

Die Personen sind anonymisiert, es sei denn, es handelt sich um Personen der Zeitgeschichte wie Bürgermeister Sieben aus Nieder-Olm sowie die Angeklagten.

1. **Die ersten Verhöre wurden von der französischen Militärpolizei im Februar 1947 durchgeführt.**

Hier wird die ins Deutsche übertragene Niederschrift der Französischen Besatzungspolizei (3. Legion, Kompanie Mainz, Brigade Nieder-Olm, Protokoll Nr. 46 vom 12. bis 25. Februar 1947) wiedergegeben. Die meisten Verhöre fanden in Nieder-Olm statt, die vom 17. und 18. Februar 1947 in Ebersheim. Verhörende Beamte waren die Brigadiers Daynac und Ramplou, Polizei im Standort Nieder-Olm.

Die beiden Beamten der **französischen Militärpolizei** verhörten zunächst den damals 62 Jahre alten Bürgermeister von Nieder-Olm, Jakob Sieben, der die Anzeige erstattet hatte.

> "Bis zur Machtergreifung der Nationalsozialisten war ich Bürgermeister von Nieder-Olm. Da ich hier geboren bin, kannte ich alle meine Angestellten, unter denen vier jüdische Familien waren. Am 8. November 1938 gegen 18 Uhr, als ich gerade aus meinen Weinbergen zurückkehrte, hörte ich, dass die Nazis am gleichen Tag gegen 17 Uhr die Möbel dieser Familien geplündert und zerstört hatten. Ich habe mich daraufhin von dem Vorgefallenen überzeugt. Ich habe festgestellt, dass alle Türen und Fenster zerstört worden waren. Ich habe nicht sehen können, was sich im Inneren ereignete.
>
> Eines Abends sah ich einen Lkw, der mit Zivilisten besetzt war, unter denen sich der Ludwig Simon befand; S. ist Postangestellter und SA-Mann. (...) Während eines Telefongespräches mit meinem Schwager in Ebersheim hat dieser mir erzählt, dass die Insassen des Lkw, alle Nazis, gekommen waren, um die Synagoge in Brand zu stecken. Fraglicher Lkw hielt vor dem "Pfälzer Hof", dem Hauptsitz der SA (in Nieder-Olm). Da es bereits dunkel war, konnte ich nur den genannten Simon erkennen. (...)"

Frau P., Anna, 68 Jahre, Hausfrau, wohnhaft in Nieder-Olm, erklärt:
> "Seit mehr als sechs Jahren war die jüd. Familie Schlösser meine Nachbarn. Im November 1938 nachmittags sah ich eine Anzahl junger Leute, 14 bis 16 Jahre, unter Führung des Nieder-Olmers

Klos, die sich zum Hause der Familie Schlösser begaben. Sie haben diese Wohnung überfallen, die Möbel mittels Steinen zerstört und sind ins Innere eingedrungen. Einige Zeit später hörte ich einen höllischen Lärm und sah die Wäsche, das Geschirr und das Silberzeug auf der Straße liegen. Die Familie Schlösser, die sich in ihren Keller zurückgezogen hatte, ist nicht misshandelt worden."

Dritter Zeuge H.D., 68 Jahre alt, Nieder-Olm:
"(...) Einige Tage später habe ich auf dem Mainzer Markt meinen Freund M., der ebenfalls Gärtner in Ebersheim ist, getroffen. Dieser hat mir erzählt, dass am 8. November 1938 abends der Klos zu ihm gekommen sei, um Stroh zu holen, womit sie die Synagoge anstecken wollten. Der M. ist zwar gestorben, aber Herr E. wohnt noch in Ebersheim, welcher beim Brand der Synagoge Augenzeuge gewesen ist."

Vierter Zeuge E., 43 Jahre alt, Ebersheim, erklärt:
"Im November 1938 war ich in der Grabenstraße (...) ansässig, also weit von der Synagoge weg. Am 8. November 1938 gegen 19 Uhr bemerkte ich deren Brand. Ich bin auf die Straße gegangen, wo ich gehört habe, dass die Brandstifter von Nieder-Olm mit Lkw gekommen waren. Wirklich sah ich auch auf der Straße eine Gruppe fremder Männer stehen, unter denen ich jedoch den Klos erkannte. Die anderen waren mir unbekannt. Am folgenden Tag hörte ich, dass auch Ebersheimer Leute dabei gewesen sein sollen, aber ich haben keinen gesehen und kann Ihnen deshalb keinen Namen nennen.
Ich weiß nicht, ob die Brandstifter bei Herrn M. Stroh geholt haben. Ich habe lediglich gehört, dass sie bei Frau M. solches geholt hätten, denn deren Haus ist gerade gegenüber der Synagoge. (...) Da ich nicht Augenzeuge bei diesen Verbrechen war, kann ich Ihnen keine Namen der Beteiligten angeben."

Dritter Beschuldigter P. Klos, 46 Jahre alt, Gärtner, wohnhaft in Nieder-Olm:
"(...) Als ich (in Nieder-Olm) heimging, begegnete mir am Gerichtsgebäude der Polizist R., der einen Wagen suchte, um nach Ebers-

heim zu kommen, weil dort die Synagoge brenne. Daraufhin ging ich heim, um meiner Frau zu sagen, dass ich eine Zeit lang wegginge. Um nach Ebersheim zu kommen, lieh ich einen Lkw, auf dem etwa vierzig Männer aufsaßen. In Ebersheim angekommen saßen die Männer ab und wir gingen zu Fuß zu der Wohnung des Juden Goldschmitt, wo ich von der Straße aus Geschirr, Wäsche usw. aus dem Fenster fliegen sah. Ich betone, dass ich auf der Straße geblieben bin und mich nicht an dieser Sache beteiligt habe. Wir sind zwar in ein anderes Haus gegangen, aber ich weiß diese Adresse nicht mehr. Ich stelle in Abrede, bei Herrn M. in Ebersheim Stroh geholt zu haben, um die Synagoge in Brand zu setzen. (...) Ich habe mich lediglich aus Neugierde an diese Orte begeben."

H.D., Gärtner, 68 Jahre alt, Nieder-Olm, erklärt:
"Ich halte meine Erklärung, die ich am 13. Februar 1947 abgab, vollkommen aufrecht. Hingegen füge ich noch hinzu, dass ich einige Tage nach dem Brand Herrn E. traf, der mir erzählte, dass er den Klos aus dem Hause M. habe kommen sehen, und Stroh bei sich hatte. Ich wünsche, mit E. gegenübergestellt zu werden, falls er weiterhin behauptet, von alledem nichts zu wissen."

"Am 17. Februar 1947 um 15.30 Uhr hörten wir in Gegenwart des D., den E., der uns erklärt: "Es stimmt, dass ich einige Tage nach Beendigung des Krieges, da ich bei der landwirtschaftlichen Vereinigung in Nieder-Olm arbeitete, mit Herrn D. eine Unterhaltung bezüglich der Vorkommnisse des 8. November 1938 hatte. (...) Ich erinnere mich nicht gesagt zu haben, dass ich den Klos aus dem Hause M. in Ebersheim hätte kommen sehen, wobei dieser Stroh getragen haben soll. Aber ich erinnere mich, den Klos am Abend des 8. November 1938 mit einer Axt auf der Schulter gesehen zu haben, als er eine Anzahl Menschen zu dem Haus der Jüdin Bernei, Ebersheim, Römerstraße, führte. Ich habe ihn aber nicht von seinem Werkzeug Gebrauch machen sehen. Da er jedoch scheinbar die Leute anführte, hat er sich der Axt sicher bedient, denn einige Augenblicke später wurden die Türen und Fensterläden gewaltsam geöffnet. Da es schon dunkel wurde, habe ich die anderen nicht erkennen können, aber den Klos kannte ich durch seine Haltung und er hat meine Aufmerksamkeit auf sich gezogen. Danach erfuhr ich, dass die drei anderen Judenhäuser dasselbe Schicksal hatten. Ich war nicht Augenzeuge bei der Aktion im Hause der Jüdin Bernei, die in meiner Nachbarschaft wohnt."

Nach Gegenüberstellung von Klos mit E. erklärt dieser:
"Ich bestätige die Richtigkeit der von mir gemachten Aussage. Der genannte Klos trug eine Axt und war der Anführer einer Gruppe, die das Haus der Jüdin Bernei angriff. Ich kenne den Klos."

Am 18. Februar 1947 wurde die Polizei "von einer Person, die ungenannt zu bleiben wünscht", unterrichtet, "dass der W., wohnhaft in Ebersheim, am Abend des Brandes gesehen worden sei, als er Stroh tragend aus dem Hause der Frau M. kam, die in der Nachbarschaft der Synagoge wohnt.
Am gleichen Tag verhörten wir den genannten E. auf der Bürgermeisterei (in Ebersheim):

"Ich erinnere mich der Vorkommnisse am Abend des 8. November 1938. Genau an diesem Abend habe ich auf meinem Feld gearbeitet, bis es dunkel war. Während ich ins Dorf zurückkehrte, hörte ich, dass die Synagoge brenne. Ich bin nach Hause gefahren und habe mein Pferd versorgt. Einige Zeit später kam ein Bewohner unseres Dorfes, Herr M., der alleine stand und nun seit mehreren Jahren verstorben ist, zu mir, und bat mich, ihm zu folgen, um die Kohlen zu holen, die in einem zur Synagoge gehörigen Verschlag lagerten. Ich ging mit ihm und die Kohlen, zirka 500 kg, wurden bei ihm gelagert. (...) Nach Beendigung dieser Arbeit begab ich mich auf den Römerplatz, wo ich eine Menschenansammlung vorfand, unter der ich den Postangestellten Simon aus Nieder-Olm erkannte. Ich habe einen sagen hören: ‚Wenn die Jüdin Rosel Goldschmitt sich zu Becker (ehemaliger Bürgermeister bis 1936, der Vf.) rettet, werden wir das Haus gleich dem letzteren verwüsten.' Ich kenne das Schicksal der Häuser der fünf Juden von Ebersheim, aber ich habe mich in keinem Fall, sei es bei der Plünderung dieser Häuser oder bei der Brandstiftung der Synagoge beteiligt. (...) Ich kann Ihnen ebenfalls versichern, dass ich unter der Gruppe der Angreifer nur den von mir bereits genannten Simon erkannt habe. Ich füge noch hinzu, dass ich von 1936 bis 1938 der SA angehört habe, ich aber zurzeit der Judenaktion in keiner Formation organisiert war."

Es erklärt Frau M., Ebersheim, am 18. Februar 1947:
"Ich wohne gegenüber der Synagoge und wohnte auch 1938 dort. Am 8. November 1938 gegen 19:30 Uhr sah ich, als ich von der Feldarbeit heim kam, dass die Synagoge brannte. In der Umgegend sah ich keinen Menschen. Es ist möglich, dass irgendjemand Stroh bei mir geholt hat, um die Synagoge anzustecken, aber bis heute wusste ich das nicht, genauso wenig wie ich die Anstifter und die Brandstifter kenne."

Alfred Fahr, 26 Jahre alt, Kraftfahrer, Nieder-Olm (1938 also 18 Jahre alt) erklärt am 19. Februar 1947:
"Am 8. November 1938 kam ich in Begleitung von F. mit dem Zug von Mainz an. Als wir am Gerichtsgebäude vorbeigingen, sahen wir da einen Lkw, auf dem eine Anzahl Männer standen. Der Postangestellte Simon aus Nieder-Olm, SA-Führer, löste sich aus der Gruppe und gab uns den Befehl aufzusitzen und mit nach Ebersheim zu fahren. Wir widersprachen nicht, da Simon der SA-Führer war. In Ebersheim angekommen, saßen wir am Ortseingang ab. Ich habe von der Synagoge her Rauch aufsteigen sehen, aber unsere Gruppe konnte sich nicht nach dort begeben. Wir begaben uns dann nach und nach in vier oder fünf jüdische Häuser, die geplündert wurden. Ich selbst bin in keins der Häuser eingedrungen, aber ich konnte mit ansehen, was gewisse Leute von unserer Gruppe da anstellten. Der in Stalingrad vermisste K. hat ein Telefon durch das Fenster geworfen. Anton Ambach, wohnhaft in Nieder-Olm ... hat mittels Hammerschlägen eine Haustür zerstört. (...) Ich kann jedoch sagen, dass Simon der Anführer und Urheber des Exzesses war. Ich habe nur befehlsgemäß diese Gruppe Männer nach Ebersheim begleitet. Ich kann unter Eid aussagen, dass ich nichts angerührt habe. Ich habe nie der Partei angehört, im Gegenteil, ich war Verfolgter. Meine Mutter heißt Mamadone und stammt aus Dakar (Senegal). Im Mai 1937 wurde ich nach Darmstadt verbracht, wo ich sterilisiert worden bin. Im Mai 1943 hat mir der Polizist Best erklärt, dass er mich auf Anweisung des Bürgermeisters Horn und des Orts-

gruppenleiters Zipp bei der Gestapo angezeigt hat. Der Grund hierfür war, dass meine Anwesenheit im Dorf eine Bedrohung der Bewohner und der politischen Einigkeit sei. Ich kam nach Dachau, Baumenheim, Kaufering, in der Zeit von 1943 bis zum 24. April 1945. An diesem Tag wurde ich von der SS als Freiwilliger aufgenommen, von wo ich am 29. darauf desertiert bin und mich von den Amerikanern gefangen nehmen ließ. Diese haben mich am 5. Juli 1945 entlassen."

Erneut wird A. Fahr in Gegenwart von Anton Ambach verhört. Fahr erklärt:
"Ich versichere die Wahrheit meiner bereits gemachten Aussage. Ich haben den genannten A. gesehen, dass er mittels eines Hammers die Haustüre einschlug. Da ich den Ort nicht sehr gut kannte und es bereits dunkel wurde, konnte ich die Adresse nicht genau feststellen."

Demgegenüber erklärt der Beschuldigte A. Ambach am 19. Februar 1947 in Gegenwart des Fahr:
"Am 8. November 1938, um 19:00 Uhr oder 19:30 Uhr, befand ich mich in Ebersheim, wohin ich mit einem Lkw aus Nieder-Olm gefahren bin. Ich bin in das Haus Goldschmitt, Metzgerei, Mainzer Straße, gegangen. Im Gegensatz zu der von Fahr gemachten Aussage erkläre ich, dass ich nie einen Hammer an jenem Abend in der Hand hatte und auch mittels eines solchen keine Tür eingeschlagen habe. Ich habe in keinem jüdischen Haus etwas beschädigt."

Der Zeuge F. erklärt am 21. Februar 1947, dass er von der Arbeit in Nieder-Olm angekommen ist und in Begleitung einiger anderer den späteren Angeklagten Simon traf und von diesem hörte: "In Ebersheim tut sich was, da müssen wir hin." Er erklärte weiter:
"Wir fuhren mit dem Lkw meines Onkels Georg nach Ebersheim. Am Ortseingang haben wir den Lkw stehenlassen und uns getrennt. Ich erinnere mich, im Hof eines jüdischen Hauses gewesen zu sein, wo aus den Fenstern Möbelstücke und verschiedene andere Gegenstände herausflogen. (...) Ich habe die Plünderer nicht erkennen können. Ich selbst habe nichts angerührt."

Am 25. Februar 1947 wird erneut Bürgermeister Jakob Sieben gehört. Er erklärt unter anderem:
> "Die beiden Schwestern Horn (damals 18 und 17 Jahre alt, d. Vf.) haben sich am Abend des 8. November 1938 bei der Plünderung bestens hervorgetan; sie waren auch immer unter der Nazi-Horde vertreten. Wie ich bereits erklärte, hat eine der beiden auf dem Klavier des Juden Mayer mit dem Hammer gespielt."

Soweit die Aussagen der Beschuldigten und Zeugen vor der Französischen Militärpolizei.

2. **Im September 1947 werden die Vernehmungen vor der Gendarmerie-Abteilung Mainz (RLP-Polizei) fortgesetzt.**

Die Gendarmerie-Abteilung Mainz berichtet unter dem 11. September 1947:
> "Die Ermittlungen in Nieder-Olm haben ergeben, dass der Ludwig Simon die Aktion gegen die Juden im Jahre 1938 in Nieder-Olm und in Ebersheim angeführt und geleitet hat. Ob er nun von dem damaligen Ortsgruppenleiter der NSDAP, Hugo Eckes, oder einer anderen führenden Person der SA usw. dazu bestimmt wurde, oder ob er freiwillig die Aktion geleitet hat, konnte nicht geklärt werden, da die Hauptzeugen sich in Haft befinden oder im Krieg gefallen sind.
>
> (...) Die vernommenen Zeugen wollen sich heute nicht mehr auf die Namen der Beteiligten erinnern können. (...) Die Geschwister Marianne und Hanneliese Horn geben in ihrer Vernehmung zu, dass sie an dem Tage der Judenaktion die Wohnung des Juden Mayer in Nieder-Olm betreten haben. Sie hätten sich aber an der Zerstörung der Wohnung nicht beteiligt."

Vernehmung des H. Sch., Ebersheim; er erklärt am 21. Juli 1947:
> "Wenn ich in den Innenräumen der Wohnung Goldschmitt gewesen sein soll und verschiedenes demoliert haben soll, so bestreite ich dies entschieden. Wie bereits erwähnt, war ich in der Wohnung des Goldschmitt nicht gewesen. Ferner habe ich auch die anderen

Judenhäuser nicht betreten. Inwieweit sich Ebersheimer an dieser Aktion beteiligt haben, entzieht sich meiner Kenntnis. Bemerken will ich noch, dass ich an dem fraglichen Abend an das Anwesen von Goldschmitt kam, der Ortsgruppenleiter Stuppert erschien und mich zu einer Wache eingeteilt hatte. Ab 21:30 Uhr stand ich vor dem Anwesen Goldschmitt, gegenüber der Synagoge Wache, gemeinsam mit dem Ortsgruppenleiter Stuppert. Ich erwähne nochmals, dass ich mich an Juden-Aktionen nicht beteiligt habe, mit Ausnahme meiner Wache. Ich war seit dem 1. Mai 1937 Mitglied der NSDAP und gehörte seit dem Jahre 1933 der SA an."

Vernehmung des V. Sch., Ebersheim, am 21. Juli 1947:
"Zur damaligen Zeit war ich bei der MAN in Mainz-Gustavsburg als Schlosser beschäftigt. Den Weg zu meiner Arbeitsstelle legte ich mit meinem Fahrrad zurück. So gegen 19:00 Uhr traf ich von meiner Arbeitsstelle in Ebersheim ein. Zu meinem Dafürhalten war die Juden-Aktion in Ebersheim zu dieser Zeit, als ich nach Hause kam, beendet." Dann erschien "J. B. von Ebersheim bei mir in der Wohnung und erklärte mir, dass er von dem Ortsgruppenleiter Stuppert beauftragt sei, mir auszurichten, dass ich mit J. B. Wache stehen solle vor den demolierten Juden-Häusern. Unsere Wache haben wir dann wie befohlen gegen 20:30 Uhr angetreten. Hinzufügen will ich noch, dass ich vor dem noch eine Axt zu dem Johann St. gebracht habe." (...) "Seit 1937 gehörte ich der NSDAP und seit 1933 der SA an. In der SA war ich seit 1939 als Rottenführer tätig."

Vernehmung des B. W., Ebersheim, am 1. August 1947:
"Meine Angaben vom 18. Februar 1947 vor der französischen Gendarmerie entsprechen der Wahrheit. Ergänzend möchte ich hinzufügen, als ich an dem fraglichen Abend vom Feld nach Hause kam, begab ich mich nach der Synagoge. Dieselbe stand in hellen Flammen und eine größere Anzahl von Personen, darunter auch Nieder-Olmer, hielten sich vor der Synagoge auf. Unter diesen Männern erkannte ich den Ludwig Simon aus Nieder-Olm. Ich hörte noch, wie der Simon sagte: ‚Jetzt gehen wir herunter zu der Rosel.' Damit war die Jüdin Rosel Goldschmitt, die neben dem jetzigen Bürgermeister Becker (Balthasar Becker, Bürgermeister seit 1945, der Vf.)

wohnte. Dem Simon folgte ein größerer Trupp Männer. Dort haben dann die Männer alles demoliert. Wer von den Männern die Synagoge in Brand gesteckt hat, weiß ich nicht."

Vernehmung der A. S. , Ebersheim, am 1. August 1947:
"Ich wohne gegenüber der Synagoge. Durch den Lärm auf der Straße wurde ich aufmerksam und begab mich daher nach der Straße. Hier musste ich feststellen, dass die Synagoge brannte. Wer die Synagoge in Brand gesteckt hat, weiß ich nicht. Ob bei mir Stroh für den Brand der Synagoge geholt worden ist, weiß ich nicht, auch wurde ich nicht danach gefragt. Irgendwelche Angaben von Personen, die sich an der Juden-Aktion, insbesondere bei der Inbrandsetzung der Synagoge beteiligt haben, kann ich nicht machen. Auf die Straße ging ich nicht, ich habe lediglich den Brand von meiner Haustüre aus beobachtet."

Aussage des Gastwirts Johann Josef Gabel, Ebersheim:
"Zu der Zeit der Juden-Aktion in Ebersheim herrschte bei mir im Lokal insbesondere nach der Aktion ein reger Betrieb. Unter diesen Gästen befanden sich auch Nieder-Olmer, insbesondere fiel mir der Ludwig Simon auf, der unter den Anwesenden wortführend war. Auf die anderen Besucher habe ich weniger geachtet (…).''
"Nachträglich habe ich in Erfahrung gebracht, dass der Simon gesagt haben soll: Wenn wir den Balt. Becker treffen, jagen wir ihn nackend im Ort herum. Balt. Becker war der frühere Bürgermeister von Ebersheim. Richtig ist, dass ich gelegentlich eines Telefongesprächs mit meinem Schwager Jakob Sieben, Nieder-Olm, gesagt habe, dass die Nieder-Olmer Pg. oder SA mit einem Lastwagen nach Ebersheim gekommen seien, um die Juden-Aktion durchzuführen. (…) Irgendwelche Personen, die sich bei der Juden-Aktion in Ebersheim aktiv beteiligt haben, kann ich nicht namhaft machen."

Vernehmung des J. A. E., Ebersheim:
"Ich nehme Bezug auf meine Aussagen am 14. Februar 1947 bei der Französischen Gendarmerie. Ergänzend möchte ich hinzufügen, dass ich den Peter Klos aus Nieder-Olm unter den Männern er-

kannt habe. Klos lief damals mit einer Axt auf der Schulter nach dem Anwesen der Jüdin Bernay. Dem Klos folgte eine größere Anzahl junger Männer. Ob Klos von seiner Axt Gebrauch gemacht hat, konnte ich bis jetzt nicht in Erfahrung bringen. Ich habe sodann auch gesehen, wie dieser Trupp Männer sich an und in dem Haus zu schaffen gemacht haben. Ein weiterer Anführer dieser Aktion war noch der F. Sch. von Ebersheim, den ich persönlich kannte."

Vernehmung des J. B., Ebersheim am 1. August 1947:
Er erklärt, dass er vor dem Haus der Jüdin Bernay Wache gestanden hat, zusammen mit NN aus Ebersheim.
"Wenn ich mich im Laufe der Juden-Aktion aktiv beteiligt haben soll, so bestreite ich dies. Ich habe nur, wie bereits schon erwähnt, an dem fraglichen Abend Wache gestanden. (...) Auch kann ich keine Angaben machen, wer die Synagoge angesteckt hat."

Vernehmung des Ludwig Simon, Hauptbeschuldigter im Verfahren, September 1947:
Simon erklärt unter anderem: "Von dem Juden-Haus am Römerplatz gingen wir zum Gasthaus. Ich muss hier berichten, ich ging nämlich allein zum Gasthaus Vollmer und trank dort ein Glas Bier. Der damalige Bürgermeister von Ebersheim war auch in der Gastwirtschaft anwesend. Sonst war niemand dort anwesend. (...) Von einem Feuerwehrmann erfuhr ich dann, dass die Synagoge ausgebrannt sei. Daraufhin ging ich zur Synagoge und sah mir lediglich die Sache an."

Auf erneuten Vorhalt erklärt er:
"Wenn auch von verschiedenen Personen behauptet wird, ich sei Anführer und Urheber der Juden-Ausschreitungen gewesen, so muss ich antworten, dass dies auf vollkommener Unwahrheit beruht. Wie gesagt, war ich nur an dem einen Juden-Haus, welches bereits demoliert war, und später an der Synagoge, die schon ausgebrannt war. Ich weiß auch nicht mehr, ob die anderen, während ich allein in der Gastwirtschaft war, noch zu anderen Juden-Häusern gegangen waren. Insbesondere weiß ich nicht, ob diese dort etwas angestellt haben. (...) Ich bestreite auch gesagt zu ha-

ben: ‚Jetzt gehen wir herunter zu der Rosel' mit welcher die Jüdin Rosel Goldschmidt gemeint gewesen sein soll. Es ist auch nicht wahr, dass mir ein Trupp Männer nach dem Haus der Rosel Goldschmidt gefolgt sein soll. Ich selbst war ja nicht einmal unmittelbar an dem Haus Goldschmidt gewesen. Ich befand mich ungefähr 100 Meter von dem Haus Goldschmidt entfernt, als die Menge von dort schon wieder zurückkam.

Ferner bestreite ich gesagt zu haben: ‚Wenn der Balthasar Becker getroffen werden würde, solle er nackend im Ort herumgejagt werden.' Mit dem Balthasar Becker, der Bürgermeister von Ebersheim war, war ich gut befreundet."

3. **Auszug aus der Anklageschrift des Oberstaatsanwalts beim Landgericht Mainz vom 7. Februar 1948:**

"1. der Telegrafenleitungsaufseher Karl Ludwig Simon (...),
2. der Gärtner Peter Klos (...),
3. die Marianne Horn (...),
4. die Johanna Elisabeth Horn (...),
5. der Kraftfahrer Alfred Fahr (...),
6. der Tüncher Anton Ambach (...),
7. der Schlosser Richard Fries (...),

werden angeklagt, sich am 8. November 1938 zu Nieder-Olm und Ebersheim des Landfriedensbruchs und des Verbrechens gegen die Menschlichkeit schuldig gemacht zu haben."

1. Simon
    "Er hat sich in seiner Eigenschaft als SA-Führer, als Rädelsführer an der Juden-Aktion in Nieder-Olm und Ebersheim beteiligt. Er war der Anführer bei der Zerstörung des jüdischen Hauses Goldschmitt in Ebersheim und war bei der Ansteckung der Synagoge in Ebersheim beteiligt. (...)"

2. Klos
    "Er hat sich an der Juden-Aktion in Nieder-Olm und Ebersheim beteiligt. In Ebersheim ist er als Anführer einer Horde

von SA-Angehörigen in das jüdische Haus Bernay eingedrungen und hat dort mit der Axt Zerstörungen angerichtet. Er war bei der Ansteckung der Synagoge in Ebersheim beteiligt und hat Stroh zu diesem Zwecke aus dem Hause M. geholt. (...)"

3. und 4. Die Angeklagten Horn werden der Beteiligung an Verbrechen in Nieder-Olm angeklagt.

5. Fahr
"Der Angeschuldigte hat an der Juden-Aktion in Ebersheim teilgenommen. Er befand sich in der Menge, die Gewalttätigkeiten gegen jüdisches Eigentum beging."

6. Ambach
"Der Angeschuldigte hat sich an der Juden-Aktion in Ebersheim beteiligt. Er hat mit einem Hammer die Haustüre zu dem Haus der jüdischen Familie Goldschmitt in Ebersheim zerstört."

7. Fries
"Der Angeschuldigte Fries hat sich ebenfalls an der Juden-Aktion in Ebersheim beteiligt. Er war im Hause Goldschmitt, in dem von der Menschenmenge Zerstörungen vorgenommen waren."

Das Landgericht Mainz hat zu diesen Anklagen 23 Zeugen, darunter fünf aus Ebersheim gehört.

Die Staatsanwaltschaft beantragte für

- den Angeklagten Simon zehn Monate Gefängnis,
- den Angeklagten Klos sieben Monate Gefängnis,
- den Angeklagten Ambach sechs Monate Gefängnis,
- gegen die angeklagten Schwestern Horn je drei Monate Gefängnis und
- gegen den Angeklagten Fries drei Monate Gefängnis.

Die Staatsanwaltschaft beantragte Freisprechung des Angeklagten Fahr mangels Beweis.

Das Urteil im Namen des Volkes erging am 7. April 1948 und erkannte:

"Die Angeklagten werden auf Kosten der Staatskasse freigesprochen."

4. **Die Französische Justiz-Aufsicht führte unter dem 13. Dezember 1948 aus:**

"Nach Aussagen einiger Ortseinwohner von Ebersheim sollen die Brandstifter von auswärts anscheinend von Nieder-Olm gekommen und infolge der Dunkelheit nicht erkannt worden sein. Ein gewisser Sch. aus Ebersheim soll sich besonders an der Demolierung der Juden-Wohnungen beteiligt haben. Sch. ist im Kriege gefallen. Der frühere Bürgermeister Herdt ist 1945 verstorben. (...) Alle befragten Personen können positive Angaben nicht machen, sondern sprechen nur Vermutungen aus oder wollen ihr Wissen von anderen Personen haben. Alle unmittelbare Nachbarschaft der Synagoge und der Juden-Wohnungen wollen wohl die Vorgänge an dem fraglichen Tage wahrgenommen, aber nichts gesehen haben. Weiter geben sie an, dass sie sich aus Furcht nicht weiter um die Sache gekümmert hätten."

5. **Anmerkung zur Einlassung des Angeklagten Simon vom 29. November 1947**

Simon gibt an, dass er am Nachmittag des 8. November 1938 in Finthen gewesen sei und dort gesehen habe, "wie die Nazis in Finthen die Wohnungen der jüdischen Familie zerstörten. Von den Finther Nazis habe ich niemanden gekannt. Ich habe nur per Zufall dies gesehen." Dies will er am 8. November 1938 gesehen haben (s. o.).
Die Pogromnacht in Finthen hat indes erst am 9. auf den 10. November 1938 stattgefunden. Simon kann dies also nicht gesehen haben, seine Angaben sind also als Schutzbehauptung zu werten.

Dem Gericht war offenbar die Diskrepanz der Daten (8. auf 9. in Ebersheim, 9. auf 10. in fast allen anderen Gemeinden) nicht bekannt.[2]

6. Abschließende Wertung des Oberstaatsanwalts vom 15. September 1948:

"Jeder Versuch weiterer Aufklärungen scheiterte an dem schlechten Gedächtnis der besagten Personen. Ich sehe mich daher außer Stande, weitere Ermittlungen festzustellen."

7. Fazit des Verfassers

Nach Befragung von Zeitzeugen, die 1938 allerdings erst im jugendlichen Alter waren, die sich aber dann als Heranwachsende, Soldaten und entlassene Kriegsgefangene mit den Ereignissen auseinandergesetzt haben, ist festzuhalten:

- Es haben sich offenbar mehr Ebersheimer (SA-Leute und Einwohner) an dem Pogrom beteiligt, als es im Prozess deutlich wurde.

- Stroh hat zum Anzünden der Synagoge offenbar nicht ausgereicht. Daher habe man Benzin herbeigeschafft und an der hölzernen Innenverkleidung versprizt. Erst dann habe die Synagoge in hellen Flammen gestanden. Die Polizei und Justiz hat die Frage nach einem Brandbeschleuniger nicht gestellt.

Den abschließenden resignierenden Bemerkungen der Polizei und der Staatsanwaltschaft wird man zustimmen müssen. Die Dorfgemeinschaft schweigt weitgehend über die Ereignisse.

Man muss aber umso mehr der Person des Bürgermeisters Jakob Sieben aus Nieder-Olm Respekt zollen, der die Ereignisse des 8. November 1938 zur Anzeige brachte und aus dessen Aussagen noch immer Empörung über die Verbrechen und Untaten seiner Dorfbewohner spricht. Eine solche Person gab es in Ebersheim nicht. Nachkommen von Augenzeugen - auch von solchen, die vernommen wurden - berichten, dass ihre Eltern sich bis zu ihrem Tod weigerten, über die Ereignisse zu sprechen.

Aber auch die aufrechte Haltung von Jakob Sieben ist nicht frei von Kompromissen. Einer 1938 jugendlichen Täterin hat er noch im Prozess als Bürgermeister einen "Persilschein" in Form eines guten Leumundszeugnisses ausgestellt.

VIII. Assimilation und Emigration

Die Ebersheimer Familien Simon und Berney[1]

Assimilation oder Emigration waren Fragen, die im Kaiserreich innerhalb der jüdischen Gesellschaft und allgemein diskutiert wurden. Der beginnende Zionismus wies den Juden ein drittes Ziel: den eigenen jüdischen Staat.

Ob diese Fragen in der Ebersheimer israelitischen Gemeinde diskutiert wurden, kann nur vermutet werden. Die Lebensentscheidungen einzelner Mitglieder der Familien Simon und Berney, die diese getroffen haben, sprechen für sich. Sie sind beispielhaft für viele Juden im Deutschen Reich.

Die **Familie Simon** war - wie auch die Familie Berney - seit Beginn des 19. Jahrhunderts in Ebersheim ansässig. Leopold Simon wurde 1816 geboren mit fast programmatischer Wahl des Vornamens, Leopold/Löb, die ihn aus der jüdischen Tradition bereits heraushebt. Die Familie betreibt einen Vieh- und Fruchthandel in Ebersheim, das klassische Geschäft in den Jahrzehnten nach der Befreiung. Sohn Joseph (1846 - 1906) führt das Geschäft fort. Die Familie hat Hausbesitz (Töngesstraße 184, Eckert, S. 40) in Ebersheim. Mit einem Normalsteuer-Kapital von 150 - 193 Mark laut Hebeliste für die israelitische Gemeinde gehört sie deutlich zu der kleinen Schicht wohlhabender Juden in Ebersheim. Sohn Arthur Simon, geboren am 21. Mai 1881, besucht bereits das Gymnasium in Mainz und studiert anschließend Elektrotechnik in der großherzoglichen Residenzstadt Darmstadt. 1902 macht er sein Diplom in Elektrotechnik - und wandert nach Amerika aus.

Wir wissen nicht, wie und seit wann dieser Plan gereift ist und was ihn schließlich zu diesem Schritt bewogen hat. In der technikversessenen Industriegesellschaft des wilhelminischen deutschen Reiches (die technischen Hochschulen in Deutschland waren so ziemlich das Modernste, was die Welt der Wissenschaft zu bieten hatte) hätte er sicher ebenso gute Chancen in Europa gehabt wie in Amerika. Die bürgerliche Emanzipation der Juden war weit fortgeschritten. Das liberale Judentum dachte in weiten Kreisen nationalliberal und deutsch. Aber der junge Mann wird auch den grassierenden Antisemitismus (vgl. S. 8) wahrgenommen, vielleicht sogar selbst erlebt haben. Letztlich kennen wir seine Beweggründe zur Auswanderung nicht.

1903 ist er in Milwaukee/Wisconsin im mittleren Westen, wo es viele deutsche Einwanderer gibt, und macht Karriere als Elektroingenieur. Er erhält viele Patente im Bereich der Wechselstrom-Technik, schließlich lässt er sich als Patent-Anwalt nieder. In den von Friedrich Eckert abgedruckten Zeitungsartikeln kommt zum Ausdruck, dass er eine hohe gesellschaftliche Anerkennung gefunden hat. Er heiratet 1910 die Pianistin Edna Merkel, die Vorfahren in Köln und Prag hat, ebenfalls jüdischer Religion, wie wir annehmen dürfen. Bruder Clarence ließ sich als Rechtsanwalt nieder. Der Sohn Herbert A. Simon, geboren 1916 in Milwaukee, wird "einer der einflussreichsten Sozialwissenschaftler des 20. Jahrhunderts, Berater der Präsidenten Johnson und Nixon". Er erhält 1978 den Nobel-Preis für Wirtschaftswissenschaften "für seine bahnbrechende Erforschung der Entscheidungsprozesse in Wirtschaftsorganisationen". Simon und seine Nachkommen sind im wirtschaftlichen, wissenschaftlichen und politischen Leben der USA "angekommen", assimiliert nicht in Deutschland, sondern in Amerika. "Ein Nobel-Preis-Träger mit Ebersheimer Wurzeln" wie die hiesige Presse stolz verkündete.

Die **Familie Berney** ist in zwei Zweigen in Ebersheim ansässig. Beide werden durch den Handel reich, der eine mit Wein, der andere mit Brettern und anderen Gütern.

Die Familie Berney hatte sich zu ähnlicher Zeit wie die Familie Simon in Ebersheim zu Beginn des 19. Jahrhunderts angesiedelt. Leopold Simon und Abraham Berney dürften zur ersten Ebersheimer Generation von Juden überhaupt gehört haben. Abraham Berney ist möglicherweise schon vor 1800 nach Ebersheim gezogen und bereits vor 1835 gestorben. Seine Witwe ("Abraham Berney Wb" = Wittib) wird im Steuerregister 1835 als Inhaberin der Firma geführt. Die Familien Berney und Simon sind in den Schulversäumnislisten der 1830er Jahre ebenso wie in der Schülerliste aufgeführt.

Abraham Berneys Sohn Joseph wird 1826 geboren und bringt das Geschäft mit Wein als Großhandelsunternehmen zur Blüte. Er verlagert zu einem unbekannten Zeitpunkt den Sitz der Firma nach Mainz in die Breidenbacher Straße Nr. 19 und nimmt Wohnung am Schillerplatz Nr. 3, den besten Adressen in Mainz.

Der andere Zweig der Berney bleibt in Ebersheim. Auch dort ist es ein Joseph Berney, der vor 1890 in den Umlagelisten der jüdischen Gemeinde verzeichnet ist. Sein Vermögen ist erheblich größer als das der auch schon wohlhabenden Familie Simon, dürfte aber nicht an das Vermögen des Mainzer Zweiges heranreichen. Dieser Ebersheimer Joseph Berney hat wohl für seine Synagoge in Ebersheim die kostbare Thora aus seinem Vermächtnis mit 450 Mark ermöglicht.

Die Söhne von Joseph Berney in Mainz, Moritz und Gustav, letzterer geboren 1864, betreiben von Mainz aus Weingroßhandel im internationalen Stil. Aber auch in Mainz bleiben sie ihrer Heimatgemeinde Ebersheim verbunden. Der Festausschuss anlässlich des 50-jährigen Bestehens des Ebersheimer Gesangvereins "Concordia" im Jahre 1913 verzeichnet Moritz Berney, Weingroßhandlung, Mainz, als Mitglied des Ehrenausschusses und - wie unterstellt werden darf - als großzügigen Spender für den Verein. Die Liste des Festausschusses liest sich im Übrigen wie ein Eliteverzeichnis der internationalen Ebersheimer Juden. Neben Moritz Berney werden genannt:

"Simon, Robert, Atlantique Amerika (sic),
Goldschmidt, Leopold, Marseille,
Goldschmidt, Simon, Cöln,
Berney, Jacob, Chicago."

Zurück zur Familie Berney in Mainz: Der Sohn von Gustav Berney und seiner Frau Harriet, Arnold Berney, wurde 1897 geboren. Er ist - so Prof. Heinz Duchardt in seinem Vortrag in der Weisenauer Synagoge im Juli 2013 - ein "Beispiel eines deutschen Assimilations-Juden". Als Schüler in Mainz wurde er mit Carl Zuckmayer bekannt, leistete wie dieser ohne Zögern den Kriegsdienst im Felde 1916/17, an dem seine Persönlichkeit fast zerbrochen wäre.

Er schlägt die akademische Laufbahn als Historiker ein, forscht über preußische Gestalten wie Friedrich den Großen, und ist dem Gedankengut der Kreise um Friedrich Gundolf und Ernst Kantorowicz nahe. Seine ersten akademischen Schritte werden durch das "Gesetz zur Wiederherstellung des Berufsbeamtentums", durch das die Nazis Juden aus dem öffentlichen Leben entfernen, jäh beendet. Und nach vergeblichen Versuchen, eine adäquate Anstellung zu erhalten, findet er Kontakt zu jüdischen Institutionen. Er wird 1936 Dozent an der "Lehranstalt für die Wissenschaft des Judentums" in Berlin, nähert sich so jüdischem Denken und wird sich auch seiner jüdischen Identität zunehmend bewusst. Die Reichspogromnacht 1938 überzeugt ihn schließlich endgültig davon, dass er als Jude in Deutschland nicht nur keine Zukunft hat, sondern in Lebensgefahr ist. Er flieht sofort über Hamburg nach Palästina und schließt sich in Haifa der jüdischen Kolonie an. Aber Historiker werden in Palästina weniger gebraucht. Er kann - obwohl er Hebräisch gelernt hat - dort nicht recht Fuß fassen. 1943 stirbt er an der Spanischen Grippe. "Vom Assimilations-Juden zum Zionisten", so könnte man seinen Lebensweg charakterisieren.

Sein Vater Gustav wurde in Theresienstadt ermordet, seine Mutter Harriet war bereits vor ihm gestorben und liegt auf dem Mainzer Friedhof begraben.

Artur Simon und Arnold Berney dürften sich nicht gekannt haben. Ihr Leben - so unterschiedlich es verlief - ist beispielhaft für Konflikte und Entscheidungen, die deutsche Juden zu treffen hatten.

Nicht alle Juden aus Ebersheim waren in der Lage, nach 1932 oder noch nach dem November-Pogrom 1938 zu emigrieren.

IX. LISTE DER ERMORDETEN EBERSHEIMER JUDEN

Die folgende **Totenliste** sei ihrem Gedächtnis gewidmet. Namen und Fakten sind den Veröffentlichungen von Fritz Eckert und Rudolf Büllesbach entnommen.

Nathan Goldschmitt, geb. 28. Februar 1879, deportiert 1942 nach Theresienstadt (oder Piaski), ermordet in Belzec,
    Mathilde Goldschmitt (Ehefrau), geb. Metzger, deportiert 1942 nach Theresienstadt.

Lazarus Goldschmitt, geb. 1. Februar 1869, gest. 20. Mai 1940 in Mainz.

Rosel Goldschmitt, geb. am 30. September 1890, deportiert 1942 nach Theresienstadt (Piaski), am 31. März 1944 für tot erklärt.

Bernhard Goldschmitt, geb. am 19. April 1869, deportiert 1942 nach Theresienstadt,
    Sara, geb. Dornberg, Ehefrau von B. G., geb. 1872, deportiert 1942 nach Theresienstadt.

Hedwig Jakobsohn, geb. Goldschmitt, Tochter von Bernhard und Sara G., 1942 deportiert an einen unbekannten Ort.

Isaak Goldschmitt, geb. am 12. März 1869, Schicksal unbekannt, nicht auf der Deportationsliste.

Leopold Goldschmitt, geb. am 12. März 1869, 1942 deportiert nach Theresienstadt.

Nelli Goldschmitt, geb. am 12. April 1893, deportiert 1942 nach Theresienstadt.

Sofie Berney, geb. am 30. Juni 1861, deportiert 1942 nach Theresienstadt.

Betti Barbara Feider, geb. Simon, wohnhaft in Frankfurt, 1942 deportiert nach Theresienstadt, dort verstorben am 31. März 1943.

Josef Kahn aus Ebersheim, emigrierte am 2. Oktober 1934 in die Niederlande, aus Amsterdam am 21. April 1943 nach Theresienstadt deportiert, von dort am 9. Oktober 1944 nach Auschwitz und für tot erklärt.

Siegfried Kahn, geb. in Ebersheim, von Berlin deportiert am 12. Januar 1943 nach Auschwitz.

Mathilde Kahn, geb. Simon, geb. in Ebersheim, 1942 nach Theresienstadt deportiert, dort gestorben am 17. April 1944.

Klara Slager, geb. Kahn, aus Ebersheim, 1943 nach Auschwitz deportiert und später für tot erklärt.

Berta Landau, geb. Mayer, 1942 von Darmstadt nach Theresienstadt deportiert, dort am 4. November 1942 gestorben.

Julius Mayer, geb. in Ebersheim, später wohnhaft in Bodenheim und Frankfurt, in Dachau inhaftiert, 1942 nach Theresienstadt deportiert, am 16. Mai 1944 nach Auschwitz, dort ermordet.

Betti Wechsler, geb. Nachmann, aus Ebersheim, wohnhaft in Frankfurt, deportiert am 18. August 1942 nach Theresienstadt, dort am 15. September 1942 verstorben.

LITERATUR-VERZEICHNIS

Arnsberg, Paul: Die jüdischen Gemeinden in Hessen. Anfang, Untergang, Neubeginn. 2 Bde. Frankfurt am Main 1971
ders.: Die jüdischen Gemeinden in Hessen. Bilder. Dokumente. Darmstadt 1973

Battenberg, Friedrich: Das europäische Zeitalter der Juden: Tb. 2, 1650 - 1945. Darmstadt 1990

Büllesbach, Rudolf: Verschiedene Internet-Beiträge "Ebersheimer Album", o. J., insbes.: Schicksale der Ebersheimer Juden (http://www.ebersheimer-geschichte.de/inhalt_ereignisse_ebersheimer_juden.html)

Das Bistum Mainz. Hrsg. vom Generalvikariat Mainz 1990

Die Mainzer Synagogen. Sonderheft der Mainzer Geschichtsblätter. Mainz 2008. Hrsg. von Hedwig Brüchert im Auftrag des Mainzer Vereins für Sozialgeschichte. Mainz 2008
    darin: Krienke, Dieter: Synagogen der Mainzer Vororte Bretzenheim, Ebersheim, Hechtsheim, Kastel

Duchardt, Heinz: Arnold Berney 1897 - 1943: Das Schicksal eines jüdischen Historikers, Köln 1993

Eckert, Friedrich: Juden in Mainz-Ebersheim. Mainz 1992, ff.

Eichmüller, Andreas: Die Strafverfolgung von NS-Verbrechen durch westdeutsche Justizbehörden seit 1945. Eine Zahlenbilanz. VfZG 2008, S. 621 - 640

Ders.: Keine Generalamnestie. München 2012

Glatz, Dr., Joachim: Synagogen und Denkmalpflege in Rheinland-Pfalz. In: Beiträge zur jüdischen Geschichte in Rheinland-Pfalz, (hrsg. von M. Molitor und H.-E. Berkemann). 2. Jg 1992, Heft 3

Hammerstein, Notker: Antisemitismus und deutsche Universitäten 1871 - 1933. Frankfurt am Main 1995

Hermann, Angela: Hitler und sein Stoßtrupp in der Reichskristallnacht. VfZG 2008, S. 603 - 621

Kerweg, Rachel Monika: Die jüdische Mutter. Das verborgene Matriarchat. Darmstadt 1995

Hirsch, Peter u. Lopez, Billie Ann: Reiseführer durch das jüdische Deutschland. Zweite Aufl. München 1995

Juden in Emmerich, bearbeitet von Prof. Dr. Michael Brocke, Berlin, Dr. Cläre Pelzer, Köln, Herbert Schürmann, Emmerich. Emmerich 1993

Juden in Mainz. Katalog zur Ausstellung. November 1978

Jüdisches Leben auf dem Lande. Hrsg. von Monika Richarz und Reinhard Rürup. London/Tübingen 1997

Keim, Anton Maria: Die Judenfrage im Landtag des Großherzogtums Hessen 1820 - 1849. Phil.Diss. Mainz. Darmstadt und Marburg 1983

Knopp/Werner: Statistische Materialien zur Geschichte der jüdischen Bevölkerung. Koblenz 1995 (Bd. 5 der Veröffentlichung der Landesarchivverwaltung Rheinland-Pfalz)

Kulturdenkmäler in Rheinland-Pfalz. Hrsg. im Auftrag des Ministeriums für Kultur, Jugend, Familie und Frauen vom Landesamt für Denkmalpflege. Bd. 2.3. Bearb. von Dieter Krienke. Worms 1997

Mainz, Die Geschichte der Stadt. Hrsg. von Franz Dumont, Ferdinand Scherf, Friedrich Schütz. Mainz 1998

Meyer, Hans-Georg, Mentgen, Gerd: Sie sind mitten unter uns. Zeitgeschichte der Juden in Ingelheim. Ingelheim 1998

Meier, Christian: Das Gebot zu vergessen und die Unabweisbarkeit des Erinnerns. Vom öffentlichen Umgang mit schlimmer Vergangenheit. München 2012

Möller, Horst: Unser letzter Stolz. FAZ 9. Juni 2012

Regierungsblätter des Großherzogtums Hessen 1830 ff.

Rohde, Matthias: Juden in Rheinhessen. Studien zur wirtschaftlichen und sozialen Lage in der ersten Hälfte des 19. Jahrhunderts. Phil. Diss. 2002. Tönning 2007

Stern, Fritz: Fünf Deutschland und ein Leben. 3. Aufl. München 2007

Synagogen in Rheinland-Pfalz.
    "… und dies ist die Pforte des Himmels." Bearbeitet von Stefan Fischbach und Ingrid Westerhoff. Hrsg. vom Landesamt für Denkmalpflege, Rheinland-Pfalz. Mainz 2005

Weisrock, Peter u. Rettinger, Elmar: Die jüdische Gemeinde von Nieder-Olm. Selbstverlag, 2. Aufl. 2000

Zacharias, Sylvia: Synagogengemeinden 1933. Ein Weg zu ihren Spuren in der BRD. Teil I. Berlin 1988

VERZEICHNIS DER UNGEDRUCKTEN QUELLEN

1. Landesarchiv Speyer
   Bestände H. 53, J. 76

2. Stadtarchiv Mainz
   - 21/700 fol 286
   - VOA 11 825 a,
     826
   - ZGS/Z3 1992/15
   - VOA   11
         204-2013
         534/551
         8259/826
         900/901

3. Gemeinde Ebersheim
   (beim Verfasser)
   Rechnungsbücher der Gemeinde Ebersheim
   - Tagebuch der Gemeinde-Einnahmen und -Ausgaben ... für das Jahr 1830
   - Rechnung der Gemeinde Ebersheim 1832
   - Urkunden zur Rechnung der Gemeinde(-Kasse) Ebersheim 1835 - 1868 - 1883/84 - 1890/91 - 1898/9 - 1935

4. Protokollbuch des Gemeinderates Ebersheim

5. Katasterverwaltung des Landes Rheinland-Pfalz (Vermessungs- und Katasteramt Rheinhessen-Nahe, Alzey)
   Parzellenkarten der Gemarkung Ebersheim, 1. Bd.
   1842 - 45/1845

ANMERKUNGEN/ QUELLEN-NACHWEIS

I. Landjuden in Rheinhessen 1785 bis 1840

1. StadtA Mainz 21/700 Fol. 286
2. Schütz, S. 61
3. Rohde, S. 39
4. Rohde, S. 43
5. Battenberg, S. 103
6. Rohde, S. 64
7. Doll, S. 145
8. Arnsberg, S. 11
9. Grass, Emanzipation, zit. n. Battenberg S. 31 b
10. Battenberg, S. 85
11. Das Bistum Mainz, ohne Seitenangabe
12. Battenberg, S. 123
13. Battenberg, S. 123
14. Battenberg, S. 125
15. Hammerstein, S. 54
16. Arnsberg, S. 19
17. Rohde, S. 109
18. Rohde, S. 121, 136 f.
19. Rohde, S. 329
20. Arnsberg, S. 19
21. Arnsberg, S. 20
22. Arnsberg, S. 20 f.

II. Die Bildung der israelitischen Gemeinde Ebersheim mit Harxheim und der Kauf der Synagoge Ebersheim

1. StadtA Mainz VOA 11/200 - 213
2. Rechnungsbuch der Gemeinde Ebersheim 1832
3. Keim, S. 88
4. VO Nr. 77, RegBl. 1830
5. VO Nr. 55, 4. Julius 1832
6. VO Nr. 77 RegBl. 1830
7. VO Nr. 55, 4. Julius 1832
8. Keim, S. 88 ff.
9. StadtA Mainz VOA 11/204
10. StadtA Mainz VOA 11/205
11. StadtA Mainz VOA 11/206

[12] StadtA Mainz VOA 11/30. Das Zitat aus der Bibel (2. Buch Mose, Exodus, Kapitel 20, Vers 7) wurde von Professor Mertens aufgefunden.
[13] StadtA Mainz VOA 11/207
[14] StadtA Mainz VOA 11/208
[15] StadtA Mainz VOA 11/825/826
[16] Herweg, S. 210
[17] StadtA Mainz VOA 11/20

III. Die Blütezeit der israelitischen Gemeinde Ebersheim - Harxheim nach 1871 und ihr Niedergang nach 1900

[1] StadtAMz VOA 11/825 a, 11/826 und ZGS/Z3 1992/5
[2] Urkundenbuch 1881
[3] StadtAMz VOA 11/826 a, Bl. 15/16
[4] StadtA Mainz 11/825 Bl. 71, 11/820
[5] StadtA Mainz VOA 11/205
[6] Eckert, S. 50
[7] StadtA Mainz VOA 11/ZGS/Z3
[8] StadtA Mainz VOA 11/205
[9] Angaben aus der Gemeinderechnung Ebersheim für 1935

IV. Die Synagoge von Ebersheim

[1] Synagogen in Rheinland-Pfalz, S. 258
[2] StadtAMz VOA 11/213

V. Der Untergang der Ebersheimer Synagoge und der israelitischen Gemeinde 1938

[1] Rettinger/Weisrock S. 83
[2] Rettinger/Weisrock S. 113
[3] A. Herrmann, S. 605
[4] A. Herrmann, S. 615
[5] Claire Pelzer, S. 187
[6] LA Speyer, H 53 Nr. 1772: "Bericht bis 23:00 Uhr an die Gestapo Mainz"
[7] Gemeinderatsprotokoll Ebersheim 1940.
[8] LA Speyer H 53 Nr. 1772

VI. Der Prozess um die Pogrome in Nieder-Olm und Ebersheim

[1] FAZ 9. Juni 2012
[2] Für den Hintergrund sei auf das Buch von Ursula Krechel, Landgericht, Salzburg und Wien 2012 verwiesen.

³ A. Eichmüller, S. 264
⁴ A. Eichmüller, S. 1 (irrtümlich nennt er Mainz-Wiesen, es handelt sich aber um Mainz-Weisenau, LA Speyer, J 76 Nr. 111)
⁵ Amtsverkündigungsblatt -AVbl-Nr. 2, 18. Mai 1933
⁶ LA Speyer, J 76 Nr. 35, Bl. 123, 131, 7. April 1948
⁷ LA Speyer, J 76 Nr. 35, Bl. 145

VII. Der Pogrom vom 8. November 1938 in den Aussagen von Beteiligten und Augenzeugen

¹ LA Speyer J 76 Nr. 35
² Unmittelbar nach dem Attentat auf vom Rath am 7. November 1938 in Paris fanden im gesamten Reichsgebiet vereinzelte, spontane Pogrome statt. Der Vf. datiert die Nieder-Olmer und Ebersheimer Pogrome auf den 8. November 1938. Dafür spricht die klare, eindeutige Aussage des Nieder-Olmer Bürgermeisters Jakob Sieben (s. S. 84), die von prozessprägender Bedeutung ist. Alle Angeklagten und Zeugen nennen den 8. November oder sprechen in Umschreibungen: "... am Abend der Judenaktion ...", oder "... am fraglichen Abend ..." etc. Der Haftbefehl gegen den Hauptangeklagten Simon enthält kein Datum für die Tat.
Die Anklageschrift vom 7. Februar 1948 sagt:
Die sieben Beschuldigen "werden angeklagt, sich am 8. November 1938 zu Nieder-Olm und Ebersheim des Landfriedensbruchs und des Verbrechens gegen die Menschlichkeit schuldig gemacht zu haben" (JS 752(47). Das war das Ergebnis der Ermittlungen. Aus den Prozessakten ergibt sich nicht, dass das Datum der Taten Gegenstand von Erörterungen oder gar Kontroversen war.
In der Urteilsbegründung wird der 9. November 1938 erstmals genannt, ohne den Wechsel des Datums zu begründen.

VIII. Assimilation und Emigration

¹ Zur Familie Berney vgl. H. Duchardt a.a.O.,
zur Familie Simon vgl. Fritz Eckert a.a.O.